이낙연의 길

서주원의 인물기행

이낙연의 길
서주원의 인물기행

초판 1쇄 인쇄 | 2020년 11월 09일
초판 1쇄 발행 | 2020년 11월 13일

지은이 | 서주원
발행인 | 김철홍
디자인 | 석화린
제작인쇄 | 금강인쇄주식회사

펴낸곳 | 도서출판 희망꽃
출판등록 | 제2014년 000135호
주 소 | 서울시 중구 소공로길 2번지
전 화 | 02-318-9231

ISBN 979-11-87521-34-1 (03340)

잘못된 책은 교환해 드립니다.
이 책은 저작권법에 따라 보호받는 저작물로 무단전재와 복제를 금합니다.
이 책 내용의 전부 또는 일부를 이용하려면 반드시 저작권자의 동의를 받아야 합니다.

이낙연의 길

서주원의 인물기행

도서출판 희망꽃

서문 '이낙연의 길'을 자세히 살펴봤습니다 09

법성포 굴비길

장동떡 어머니도 광주리 머리에 이고 행상하던 법성포 19
이낙연의 어머니, 초능력을 지닌 작은 거인인가? 23

아홉 번 죽는 굴비 먹고 "어찌 지조와 절개를 지키지 않으랴!" 38
평생 민주당을 지킨 이낙연과 아버지의 지조와 절개 42

법성포 뒷산 인의산, '어질고 의로운 인물' 낳다 52
살아생전 DJ가 본 이낙연, '변함이 없는 사람' 57

법성포 앞산 대덕산, '제왕의 덕' 품다 65
노통의 대변인 이낙연, "지름길을 모르거든 큰길로 가라!" 71

충무공의 법성포 유지, "내 몸은 죽어도 나라를 살리리라!" 81
코로나19국난극복위원회 이낙연 위원장,
"국민과 함께 코로나 전쟁 승리로 이끌겠습니다" 85

피눈물로 한 줄 한 줄 간양록을 적으니 92
지일파 이낙연의 도쿄 특파원 기자수첩,
 한 줄 한 줄 애국심으로 적은 '新간양록' 96

법성포의 술 '토주', 활화산처럼 터져 오르는 열정으로 살라 하네 101
사이다 총리, 사이다 발언 삼가는 뜻은? 106

동심의 길

법성면 용덕리 발막마을, 빛과 소금의 동네 117
이낙연 기자의 심장에 뿌려진 '빛과 소금의 정신' 122

발막마을의 맥놀이 "물질이 개벽되니 정신을 개벽하자" 130
아버지의 뼈와 어머니의 살로 큰 이낙연,
부모에 대한 효와 형제간 우애 중시하다 134

삼덕초 교정에 울려 퍼진 "삼천리금수강산 햇불이 되어" 139
DJ·노통·문재인의 햇불로 켤 이낙연의 햇불,
적어도 '천강의 달빛에 일주명창이어라!' 143

어머니의 황톳길

이 산하에 녹두꽃 씨앗 처음 뿌린 고창 공음면 사람들 155
다섯 살짜리 한자(漢字) 신동 이낙연,
동학의 후예 외할아버지 감복시키다 161

개갑장터의 황톳빛 절규 "백성은 나라의 근본이다!" 168
동학혁명기념일 지정에 앞장선 이낙연,
"사람을 하늘처럼 받드는 세상 만들어야" 173

황톳길 길섶의 잡초와 들꽃이 바람을 탓할까? 177
황톳길에서 다시 부르는 풀꽃의 노래 '인동초' 181

광주 무등산길

광주일고 교가, '무등산 아침 해같이 눈부신 우리의 이상' 191
광주일고 45회 졸업생 이낙연이 품은 '무등산 아침 해같이 눈부신 이상' 195

광주학생독립운동의 정신, '오직 바른길만이 우리의 생명이다' 206
이낙연의 가슴에 두고두고 살아 숨 쉴 '오직 바른길만이 우리의 생명이다' 210

서울 청운의 길

서울대 민주 정신, '상아탑은 진리의 탐구자요, 정의의 수호자' 217
남루한 청춘이 부른 육자배기 '꿈아, 꿈아, 무정한 꿈아!' 221

낙산 청룡사, 세종대왕의 우국이세 정신 깃들다 227
이낙연의 좌우명 '근청원견(近聽遠見)', "가까이 듣고 멀리 보겠습니다" 231

순창 고추장길

순창 고추장과 영광 굴비가 만나니 고추장굴비라 239
외가는 고창! 처가는 순창! 이낙연의 DNA, 칠 할이 전북인가? 243

전주비빔밥의 가르침, "탕탕평평 평평탕탕하라!" 250
전주여고 미술반 김숙희, 박남재 화백 없었다면 이화여대 미대 갔을까? 254

참고문헌 264

서문

'이낙연의 길'을 자세히 살펴봤습니다

우리는 모두 삼천리금수강산에 한동안 머물다 떠나는 들꽃이 아닌가 싶습니다. 전북 부안군 위도라는 작은 섬에서 태어난 제가 갯가 자갈길의 들꽃이라면, 전남 영광군 법성면 용덕리 농가에서 태어난 이낙연은 황톳길 길섶의 들꽃일 것입니다.

법성면 용덕리 발막마을은 빛과 소금의 동네입니다. 이 마을 황토밭 돌담 너머 초가집 마당에 핀 들꽃에 부모님은 '이낙연'이라는 이름을 주었습니다. 1952년의 일입니다.

이낙연 역시 여느 들꽃처럼 바람이 데려다주는 대로 날아가 낯선 삶에 적응했습니다. 가는 곳마다 힘들게 뿌리를 내리며 살아남았습니다.

'지조와 절개'를 중히 여기는 법성포 굴비길은 어머니가 광주리를 머리에 이고 행상을 하던 생존의 길이었습니다. 동심을 묻어 둔 삼덕초등학교엔 인생의 원점도 찍었습니다. '오직 바른길만이 우리의 생명이다'고 가르친 광주 무등산길엔 영혼의 원점도 새겼습니다.

바람은 이낙연에게 서울로 가서 청운의 길을 활짝 열라고 했습니다. 그런데 유년기부터 괴롭히던 굶주림이 발목을 붙들었습니다. 박정희의 유신독재는 영혼까지 갉아먹었습니다.

전두환의 군부는 민주주의 보금자리인 광주에 피를 뿌렸습니다. 세상의 빛과 소금이 되려던 이낙연은 청운의 꿈을 심어 두었던 광주에서 피의 학살이 벌어지자 망연자실 피눈물을 삼켰습니다.

다시 또 숨어 우는 바람소리가 들렸습니다. 이낙연이 스무 살 무렵부터 엿들었던 인동초의 피울음소리였습니다. 신안의 들꽃인 인동초는 북풍한설 몰아치는 광야에서 늘 푸른 송죽이 되겠노라 울부짖었습니다. 낙연은 인동초 꽃그늘 아래서 '행동하는 양심'이 되겠노라 다짐했습니다.

바야흐로 이 산하에 인동초의 꽃바람이 불었습니다. 꽃향기는 백두산과 한라산 너머의 지구촌 구석구석까지 퍼졌습니다.

인동초 꽃길에 김해의 들꽃이 활짝 피었습니다. 하지만 북풍한설이 다시 몰아쳤습니다. 꽃잎도 뚝뚝 떨어졌습니다. 그 꽃잎 진 자리에 거제의 들꽃이 활짝 피기까지는 열 손가락을 모두 굽었다가 한 번씩 펼 세월이 흘렀습니다.

황톳길 길섶에 핀 영광의 들꽃 이낙연이 민주주의와 진보의 새로운 미래를 열기 위해 나섰습니다. 신안의 들꽃 인동초의 유지에 따라 '다시 행동하는 양심'을 외칩니다. 김해의 들꽃처럼 '사람 사는 세상'을 노래합니다. 거제의 들꽃과 함께 '나라 다운 나라'의 깃발을 들었습니다.

이낙연은 남루한 청춘을 보낸 뒤, 굽히지 않는 펜을 손에 들어쥐었습니다. 역사 앞에 거짓된 글을 쓸 수 없어 몸부림도 쳤습니다. 도쿄 특파원으로 3년 2개월 일본에 있을 때는 애국심으로 수첩에 한 줄 한 줄 新간양록을 썼습니다.

DJ의 부름을 받고 정치에 입문한 뒤엔 국회의원, 전남도지사, 문재인 정부 초대 국무총리를 거쳤습니다. 1987년 대통령 직선제 도입 이후 최장수 국무총리라는 영예도 안았습니다. 다시 또 바람이 전하는 천명에 따라 대망의 길로 나선 뒤, 아버지와 함께 평생을 지킨 민주당의 대표가 되었습니다.

코로나19국난극복회 위원장을 맡아 "국민과 함께 코로나 전쟁 승리로 이끌겠다"고 공언했습니다. 지난달 광주에 들러 "오월혼(五月魂)을 기억하며 국난을 극복하고 함께 잘 사는 일류국가를 이루겠다"고 천명했습니다.

대망을 품은 이낙연의 인생길을 나름 살펴보았습니다. 타고난 성격에 잠재된 기질이 어떻게 더해졌는지 더듬어 봤습니다. 특히 핏줄과 성장 배경을 깊이 짚어보는 인물기행을 시도했습니다.

이 책을 쓰면서 일면식도 없는 이낙연의 인생 궤적을 살펴보았습니다. 삶과 영혼의 발자취를 살펴 본 기간은 약 4개월입니다.

짧은 시간이지만 제가 본 이낙연의 인생 궤적은 결코 간단하지 않았습니다. 결코 순탄하지도 않았습니다.

흔히들 큰 인물론을 얘기할 때 맹자의 어록을 언급합니다.

'하늘이 사람에게 큰 임무를 내리기 전에 반드시 먼저 그 심지를 괴롭히며, 근골을 수고롭게 하고, 굶주리게 하고, 궁핍하게 하고, 하는 일마다 어그러뜨리고 어지럽히는 등 고난과 시련을 주어서 분발하고 인내케 하여, 그가 잘하지 못하는 능력을 더욱 배양시킨다.'

우리나라 현대사에서 이런 모진 삶을 살았던 대표적인 인물은 DJ입니다. 이낙연은 1980년대 후반부터 인동초 DJ를 섬겼습니다. 피와 땀, 그리고 눈물을 쏟아내던 DJ를 곁에서 지켜보며 이낙연도 분루를 삼켰습니다. 이런 DJ와 함께 걸어 온 이낙연의 정치적 행보는 '준비된 국가 지도자'의 걸음새라고 여겨집니다.

아무튼 이 졸저가 이낙연이 살아 온 길을 대강이라도 살펴보고, 우리가 원하는 우리나라를 만들 수 있는 미래 국가 지도자로서 자격과 능력을 충분히 갖췄는지 따져보는 참고서이길 희망합니다.

끝으로 이 책을 펴내기까지 도움을 주신 여러분께 머리 숙여 감사의 인사를 올립니다.

제호를 써주신 국회서도회 지도교수 초당 이무호 선생님, 표지 배경 그림과 일부 삽화를 그려 주신 오산 홍성모 화백님께 감사드립니다.

취재와 답사 등을 도와주신 순창 섬진강미술관 박남재 화백님, 고창 외가의 진철종 님, 법성포 향토사학자 김범진 님, 재경영광군향우회 김창균 회장님, 재경영광군향우회 김효진 전 사무총장님과 박정일 님, 미래인재학원 박상균 원장님, 법성포 주민 박찬석 님, 광주일고 45회 조안석 님과 김상국 교수님, 전주혁신도시 최상수학학원 오기석 원장님, 오재상사(五財商社) 오재영 회장님, 새전북신문 이종근 문화교육부국장님, 흥부수산 장선일 대표님, 푸드림스 나광균 대표님께 감사드립니다.

편집과 인쇄를 도와주신 출판사 평사리 홍석근 대표님과 월명사 월명 스님께도 고마움을 전합니다.

2020년 경자년(庚子年)
겨울의 문턱인 입동 절기에
서주원

법성포 굴비길

장둥떡 어머니도
광주리 머리에 이고 행상했던
법성포

오늘도 짱뚱어 자맥질하는 갯고랑에 밀물이 들기 시작하는 물참 때가 되면 칠산바다 갈매기도 법성포로 날아든다. 초롱한 두 눈 부릅뜨고 법성포의 초들물을 기다리던 칠산바다 갈매기는 옛날엔 분명 더 많았으리라. 마치 개구리 울음소리 같은 참조기 울음소리가 넓디넓은 칠산바다에 우렁차게 울려 퍼지던 그 옛날엔 말이다.

법성포는 백제 불교 최초 도래지다. 인도의 불교가 이 땅에 들어온 삼국시대에도 그랬을 테지만 조선 팔도의 고깃배들이 칠산바다에 돈을 실러 모이던 시절, 법성포는 서해안을 대표하던 항구였다. 칠산어장의 중심이었던 전북 부안의 위도 조기 파시가 절정을 이룬 뒤, 끝물로 치닫던 8·15 광복 이후에도 그랬다.

법성포의 들목은 옹기 항아리의 입구 마냥 좁다. 하지만 포구 안쪽의 지형은 흡사 목이 긴 항아리를 반쯤 자른 형태다. 이 때문인지

법성포에 드는 칠산바다의 성난 파도는 물론이요, 세찬 갯바람도 꼬리를 축 내리곤 한다. 이런 자연환경 덕분에 법성포는 어머니의 품속같이 사시사철 아늑한 포구다.

파시풍이 장관을 이룰 적, 밀물이 반쯤 들면 칠산바다에서 법성포로 들어가는 좁은 어귀엔 고깃배들이 여러 갈래로 줄을 이었다. 이물에서 고물까지 참조기를 가득 싣고 법성포로 드는 고깃배의 긴긴 행렬을 따라 칠산바다 갈매기도 갈래갈래 줄지어 날았다.

깊숙하게 밀려든 바닷물이 부둣가에 양껏 차오를 때쯤, 참조기 비린내로 칠산바다 갈매기 떼를 몰고 온 고깃배가 한 척 두 척 선창가에 뱃머리를 대면, 법성포엔 법석이 일었다. 어부들과 상인들이 갓 잡아 온 참조기를 뭍에 내리며 왁자지껄 요란한 속에서, 구경 나온 마을 사람들에다 심지어 돈놀이하는 고리대금업자나 호객 나온 술집 아가씨들까지 이 말 저 말 섞으니 부둣가는 야단법석이었다.

칠산바다의 수평선이 저무는 저녁 해를 삼키는 해거름이 지나고 나면, 법성포는 불야성을 이루었다. 밤새 잠들지 못하는 불빛의 태반은 고깃배 갑판에 돈을 가득 싣고 싶은 포구의 어부들과 선창가에 줄지어 늘어선 어물전 등의 상인들이 밝혔다. 불빛은 요릿집이나 색싯집에서도 새어 나왔다.

돈 때문에, 사랑 때문에, 정 때문에 불야성을 이루던 법성포에 첫 새벽이 열리면 색다른 파시풍이 펼쳐졌다. 꼭두새벽부터 선창가엔

장이 섰고, 장터엔 주로 뱃사람들이 모여들었다. 뱃사람들이 장터로 몰려든 주된 이유는 신선하고 질 좋은 식자재를 마련하기 위함이었다.

그 옛날 조기 파시가 성하던 시절, 꼭두새벽부터 법성포로 가는 길처엔 광주리를 머리에 인 아낙들의 발길이 이어졌다. 광주리 안에는 주로 남새밭 등지에서 재배한 채소가 담겼다. 들나물이나 산나물이 담길 때도 있었고, 들과 산에서 딴 과일이 담길 때도 있었다. 식자재나 군것질거리, 심지어 땔감까지 머리에 이고 법성포에 나온 아낙들은 장터에서도, 선창가의 고깃배나 일반 가정에 찾아가서도 도붓장사, 즉 행상을 했다.

그때 그 시절, 법성포에서 도붓장사를 했던 사람들 가운데는 이낙연의 탯자리인 법성면 용덕리 아낙도 있었다. 법성면의 다른 마을 아낙들도 마찬가지였지만 용덕리 아낙도 주로 식자재나 군것질거리를 광주리에 담아 머리에 이고 꼭두새벽에 집을 나섰다. 용덕리에서 법성포까지의 거리는 약 5km, 왕복 10km다. 이렇게 먼 길을 걸어 다니며 도붓장사를 했던 용덕리 아낙은 이낙연의 어머니였다.

법성포의 이런 도붓장사 풍경은 칠산바다의 조기 파시가 쇠한 뒤에도 사라지지 않았다. 조기 파시의 본고장 위도의 경우, 1970년대까지 이런 풍경을 볼 수 있었다. 위도 사람들은 이런 행상을 '잉꼬리장사'라 칭했다.

이낙연의 길…

이낙연의 어머니, 초능력을 지닌 작은 거인인가?

이낙연의 어머니 진소임. 1926년생이다. 전북 고창군 공음면 석교리 출신이다. 2018년 작고했다. 주변 사람들이 친근하게 썼던 호칭은 '장등떡'이다.

이낙연의 외가는 가난한 유학자 집안이었다. 어머니는 장녀다. 7남매 중 맏이다. 외할아버지는 서당 훈장이었다. 일제 강점기 때, 고창군 공음면엔 두 곳에 서당이 있었다. 한 곳이 석교리 서당이다. 외할아버지가 운영하던 석교리 서당엔 가까운 이웃 동네에서도 학생들이 찾아왔다. 대부분 수업료로 나락이나 겉보리를 냈다. 외할아버지는 집안이 어려운 학생의 수업료를 받지 않았다. 외할아버지의 제자 중엔 지금도 생존자가 있다.

어머니는 정규 학교를 다닌 적이 없다. 그 시절 대부분의 부모님들이 그랬듯이 외할아버지 또한 아들들은 학교에 보냈어도 딸들은

보내지 않았다. 그런데 어머니는 한글을 알고 한문도 약간 읽었다. 일본말도 다소나마 할 줄 알았다. 팔순을 넘긴 나이에도 손수 찾아서 한글로 된 성경책을 읽고 찬송가를 불렀다.

어머니는 어린 시절, 서당에서 글을 배우는 아이들 어깨너머로 한글과 한문을 익혔다. 남동생들이 공부할 때도 그랬다. 결혼 전엔 친정집에서 가까운 석교리 교회에도 나갔다. 글을 배우려는 목적도 있었다. 결혼 뒤엔 가끔 동네 야학에도 들렀다. 집안에서는 남편이 읽는 소설책도 들췄다. 그렇게 해서 글을 깨우쳤다. 그런 노력 덕분에 집 안팎에서 어머니가 인용하는 고사성어나 경구는 상당한 수준이었다.

어머니가 전주 이씨 양도공파 집안으로 시집을 온 것은 열여섯 살 때다. 남편은 이두만. 1921년생으로 전남 영광군 법성면 용덕리 발막마을에서 살고 있었다. 초가삼간인 시댁 가장은 홀시어머니였다. 남편 밑 시동생, 돌아가신 시아버지 쌍둥이 형님과 그분 딸이 함께 살았다.

어머니 진소임은 아버지 이두만과 얼굴 한 번 안 보고 혼례를 올렸다. 혼례를 치르던 날, 집안 어른들이 이구동성으로 이렇게 말했다.

"어따 신랑이 말이여, 키도 크고 잘 생겼고만 그려!"

양쪽 볼에 연지곤지 찍고, 족두리를 쓴 머리를 푹 숙인 채 귀만

쫑긋 세운 새색시는 그 소리가 듣기 싫지는 않았다.

어머니는 청상과부인 홀시어머니를 50년 동안 모셨다. 시어머니가 젊은 날 출타한 적이 왜 없겠는가만 나이 들어서는 1년 365일 집에서만 머물렀다. 딸을 낳아서 길러 본 경험도 없는 터라 한 세대 차이가 나는 며느리 고충을 잘 헤아리지 못했다.

그런 시어머니를 모시고 신접살이를 시작한 어머니는 열 명의 자식을 낳았다. 그 가운데 이낙연은 네 번째 자식이다. 그 위로는 두 명의 형과 한 명의 누나가 있었다. 6·25 한국전쟁 때, 이낙연의 손위 형 두 명이 사망했다. 아버지의 남동생 또한 전쟁 때 사망했다.

세월이 한참 지난 뒤, 어머니는 자식을 또 한 명 잃었다. 딸이다. 아홉 번째 자식으로 낳은 딸이 아파서 죽었다. 나이는 네 살이었다.

6·25 한국전쟁 직후인 어느 해, 아버지는 분홍 저고리에 남색 치마를 곱게 차려입은 젊은 여인을 집으로 데리고 왔다. 시쳇말로 '작은 여자'였다. 남편 없이 혼자 살던 여자란다. 그녀가 집에 머문 기간은 매우 짧았다. 어머니는 그녀를 따뜻하게 대했다. 그러면서 시어머니와 남편도 변함없이 공경했다.

아버지의 작은 여자가 바람처럼 왔다가 바람처럼 사라진 뒤, 어머니는 큰딸 이연순 씨에게 이렇게 말했다.

"너희 아버지는 전쟁통에 하나밖에 없는 동생을 잃고, 다 키운 아들도 잃고, 속이 상해서 허전함을 달래려고 그러셨던 게다. 너희는 아버지를 항상 존경해야 한다."

　이연순 씨는 1949년생이다. 이낙연과 세 살 터울이다. 어머니처럼 7남매의 장녀가 된 연순 씨는 아버지의 작은 여자를 초등학교 입학 전에 보았던 것 같다고 기억한다. 1950년대 중반의 일인 모양이다.

　아버지는 평생 야당에 적을 두었다. 이승만 정권과 박정희 정권, 그리고 전두환 정권과 노태우 정권 때, 시골에서 야당인으로 살기란 여간 어려운 일이 아니었다.

　현실과 다른 이상 때문에 그랬던 것일까. 아니면 6·25 한국전쟁 때 하나뿐인 동생과 두 명의 아들을 잃고, 그 뒤에 한 명의 자식을 또 잃어 가슴 깊이 한이 맺힌 탓일까. 이낙연의 아버지는 술을 많이 마셨다. 몹시 즐겼다. 담배도 마찬가지였다. 1991년 작고하기 전날까지도 술을 마시고 담배를 피웠다.

　술 취한 아버지의 귀가가 늦어지면 어머니는 멀리까지 마중을 나갔다. 집에 들어와서는 아버지를 되도록 그냥 재우지 않으려고 노력했다. 빈속을 숭늉밥이나 쌀죽 등으로 채우게 했다. 잠을 자고 있다가도 술 취한 아버지가 귀가하면 부엌으로 나갔다. 전기도 없고 가스도 없던 시절엔 아궁이의 불을 먼저 지폈다. 옛날 초가집 부엌문은 대개 바라지였다. 엄동설한이면 바라지 틈으로 눈보라까지 휘몰아치기 일쑤다. 그런 날에도 어머니는 아궁이 속 불을 살피며

부뚜막에 앉았다. 묵직한 뚜껑이 있는 검은색 무쇠 가마솥에 주걱으로 얇게 밥을 눌러 누룽지를 만들었다. 그렇게 만든 누룽지로 술 취한 아버지의 속풀이용 숭늉밥을 지었다.

어머니는 아버지의 입맛이 떨어지면 돌미나리 무침이나 논우렁 된장국을 밥상에 올렸다. 아버지의 옷과 신발도 늘 챙겼다. 아버지는 한복을 즐겨 입었다. 깨끗하고 단정한 한복이나 무명베옷을 입히려고, 어머니는 호롱불 아래서 새벽까지 풀을 먹이고, 인두질과 다림질에 다듬이질까지 하는 날이 부지기수였다. 꼭두새벽까지 손볼 옷가지가 비단 아버지 한복만은 아니었다. 시어머니의 옷과 자식들의 옷을 빨고, 말리고, 꿰매는 데도 많은 시간과 손품이 들어갔다.

어머니에겐 집 안의 이런 가사만 있었던 게 아니다. 아버지가 꾸리는 집 밖 농사일도 도왔다. 아버지의 몸이 약해진 뒤로는 농사일을 거의 도맡았다.

그 옛날 농촌 어머니들의 가사와 농사일은 태반이 이랬을 것이다. 하지만 이낙연의 어머니가 일반 농가의 어머니들과 많이 다른 점이 있다. 꼭두새벽 광주리를 머리에 이고 야채 행상을 나섰다는 점이다.

이낙연의 고향인 법성면 용덕리는 전형적인 농촌 마을이다. 용덕리 여러 농가의 아낙들 가운데 법성포 야채 행상을 부업으로 삼은 이는 이낙연의 어머니가 유일하단다.

지난 2006년 1월 7일, 7남매는 어머니 팔순 모임을 가졌다. 조촐한 잔치 겸 모임을 가진 뒤 어머니에 관한 각자의 추억을 몇 꼭지씩 써서 책을 펴내기로 합의했다. 이듬해 출간된 책이 『어머니의 추억』이다. 어머니의 야채 행상에 관한 아랫글은 셋째 아들 이계연 씨의 추억담이다.

초등학교를 졸업하고는 고향 면 소재지에 있는 중·고등학교를 6년 간 다니게 되었습니다. 나는 우리 집에서 중·고등학교가 있는 곳까지 왕복 10km를 매일 걸어 다녔습니다. 물론 버스도 있고 자전거를 타고 다니는 친구들도 있었습니다. 하지만 농토는 적고 아이들은 많은 집에서, 게다가 큰아들을 광주, 서울로 유학까지 시키는 형편에 집안 살림은 무척 어려울 수밖에 없었습니다.

어머니는 봄, 여름, 가을, 겨울 할 것 없이 계절마다 우리 밭에서 나오는 무, 배추, 고구마순, 깻잎, 애호박, 가지, 옥수수 등을 잘 다듬어 '다라이(빨간 합성수지로 만든 넓고 무거운 용기)'에 담아 놓고 저녁에 잠자리에 드셨습니다. 그리고 새벽 세 시경에 일어나 밥만 안쳐 놓은 채로 광주리를 머리에 이고 5km가 떨어진 법성포로 걸어 나가 집집마다 돌아다니며 팔았습니다. 그 당시 야채 한 단이 5원 내외였던가?

운이 나쁘지 않은 날이면 날이 샐 때쯤 다 팔고, 어머니는 그 길을 도로 걸어 집으로 오십니다. 우리는 어머니가 새벽에 나가신 것도 모르고 할머니가 차려 주신 밥을 먹고 나서 학교에 갔습니다. 등굣길을 걸어가다 보면, 허기와 갈증에 입술이 바짝 마른 채로 머리에 빈 광주리를 이고 오시는 어머니를 만납니다. 어머니는 그렇게 힘들다가도 우리가 씩씩하게 학교에 가는 모습만 보면 힘이 나더라고 말씀하셨습니다.

그 당시 학교까지 가는 버스비가 5원쯤 하였을까? 하여튼 나는 그 돈이 없기도 했으려니와 어머니가 그렇게 힘들여 번 돈을 차를 타는 데 차마 쓸 수가 없었습니다. 그래서 나는 중·고등학교 6년간 매일 10km를 걸어서 통학을 했습니다.

어머니의 야채 행상에 대한 기억은 7남매마다 조금씩 다르다. 본인들이 산 시대도 다르고, 가까이서 지켜봤을 때 어머니의 나이도 달랐으니 당연한 일이라 여겨진다. 어머니의 야채 행상을 가장 먼저 지켜본 큰딸 이연순 씨의 회고담이다. 『어머니의 추억』에 실린 글이다.

저희 어머니는 농사철에 농사를 지으시며 틈나는 대로 열무와 배추, 들깨 등을 콩밭, 깨밭 사이에 심으셨습니다. 그리고 매일 저녁에 그걸 뽑아다 손질하여 다음날 새벽닭이 울면 광주리에 담아 5km 떨어진 영광 법성장터에 내다 팔곤 하셨지요.

저도 여름방학 때면 몇 번 어머니를 따라가 보기도 했지만 그 일은 결코 쉬운 일이 아니었습니다. 잘 팔리면 다행이지만, 잘 팔리지 않는 날이면 집집마다 들러서 싸게 줄 테니 조금만이라도 사 달라며 돌아다녀야 했습니다. 그냥 안 사면 그만인 것을, 어떤 사람들은 대놓고 문전박대를 하면서 반말로 핀잔을 주기도 했습니다. (…) 하지만 어머니는, 물 한 모금도 마시지 않은 채 왕복 10km를 걸어 지친 모습으로 돌아오시다가도 자식들이 책가방을 메고 학교 가는 모습만 보면 피로가 다 풀리고 힘이 나더라고 말씀 하셨습니다.

장사에서 돌아오신 어머니는 늦은 아침을 대충 드시고 곧장 논으로 밭으로 일을 하러 나가셨습니다. 동네 사람들이 모이면 저희 어머니더러 "그렇게 입지도 먹지도 않고 자식들 가르쳐 놓아 봤자 남의 딸 좋은 일만 시키는 것"이라고 흉을 보셨다고 합니다. 하지만 이런 얘기를 들으실 때마다 어머니는 "며느리가 나보다 낫게 살면 좋은 일 아니냐?"고 말씀하셨다고 합니다. 그래도 자식들에게는 "부모가 못나고 능력이 없어서 너희가 고생이 많다!"고 하시며 늘 미안해 하셨습니다.

다음은 둘째 딸 이금순 씨의 추억담이다.

어려서도 나는 어머니 얼굴만 보면 너무 안쓰러워 자꾸 눈물이 나왔습니다. 키가 작고 왜소하신 분이 이른 새벽에 일어나 푸성귀를 머리에 이고 5㎞가 넘는 장터에 갔다 오시면서, 돈이 아까워 물 한 모금 안 드신 탓에 얼굴은 새까맣고 입술은 바짝 말라 있곤 했습니다. 어느 날은 그나마 사과 한 개를 사 먹고 나니 덜 지치더란 말씀을 하셨습니다. 지금도 사과를 보면 그때 어머니의 말씀이 생각납니다. 그래서 어머니가 올라오시면 나는 늘 사과를 사다 놓습니다. 내가 사다 놓은 사과를 어머니가 드시다가 남겨 놓고 가셔도 난 그 사과를 먹지 않습니다. 나도 모르게 사과만 보면 어머니 드려야겠다는 생각이 나는지, 다른 과일은 즐겨 먹어도 사과는 잘 먹게 되질 않습니다.

둘째 딸 이금순 씨는 어머니를 '작은 거인'이라고 칭한다. 『어머니의 추억』에 "나는 어머니가 몸 편히 쉬는 걸 본 적이 거의 없습니다. 자녀를 10명이나 낳으셨는데도 몸조리를 하신다거나 감기 몸살로 누워 계신 적도 없었습니다. 오직 자식들과 남편과 시어머님께 희생만 하고 사셨던 어머니는 작은 거인이었습니다"라고 적었다.

용덕리 발막마을 사람들은 어머니의 법성포 야채 행상을 어떻게 기억하고 있을까. 이낙연의 생가 옆집에 살았다는 박정일 씨는 이렇게 기억한다. 박 씨는 1961년생이다.

발막마을 등 용덕리에서 채전의 푸성귀를 광주리에 이고 법성포에서 가서 판 사람은 이 대표 어머니가 거의 유일했습니다. 가끔 동네 분들이 법성포 장날에 이고 지고 가서 팔았던 경우는 있었습니다. 그러나 이 대표 어머니에겐 그 야채 행상이 일상이었습니다.

채전의 푸성귀는 계절마다 달랐습니다. 봄에는 열무, 여름엔 옥수수, 가을엔 고구마나 고구마순 등이었습니다.

이 대표의 집은 창고 같은 초가였습니다. 보통 초가엔 마루가 있었는데, 이 대표 댁 마루는 다른 집보다 높았습니다. 해서 어린아이들이 이 마루를 올라 다니려면 힘들었습니다.

이 대표 어머니는 집안 마당에 있는 텃밭에서 푸성귀도 준비했지만 집 밖에 있는 밭에서도 마련했습니다. 아버지 묘가 있는 밭입니다. '떼밭'이라고 했습니다. 잔디가 있는 땅을 뒤엎어 밭을 만들어 떼밭이라 부른 것 같습니다. 이 대표 집에서 약 500m 정도 떨어졌습니다. 집 앞에 텃밭도 있었습니다. 그 텃밭에서 주로 푸성귀를 준비했습니다.

아무튼 이 대표 어머니는 가족을 꾸리는 가장이었습니다. 엄청 고생도 하셨는데, 생각과 말, 그리고 머리가 보통은 아니었습니다.

거의 매일 꼭두새벽, 그것도 수십 년 동안, 어머니가 야채를 양껏 담은 무거운 광주리를 머리에 이고 걸었던 법성포 가는 길은 요즘처럼 곧고, 넓고, 평탄한 길이었을까. 아니었다. 1961년생들이 학교를 다닐 때도 비포장도로였다. 확장해서 포장한 지 그리 오래되지 않았다. 자동차 한 대 겨우 달릴 수 있는 비포장 신작로였다. 겨울철 눈이 오면 논과 길의 구분이 안 됐다. 그래서 길을 벗어난 자동차가 논으로 빠져 뒤집히는 일도 있었다.

그런 시골길을 걸으며 어머니는 게도 잡으러 다녔다. 『어머니의 추억』에 실린 이낙연의 회고담이다.

가을 농사를 마치면 어머니는 게를 잡으러 다니셨습니다. 이듬해 여름까지 가족들이 먹을 밑반찬을 장만하기 위해서였습니다. 어머니가 그렇게 잡아서 만드신 간장게장(요즘의 간장게장에 쓰는 게보다 훨씬 작은 게였지만)은 맛이 기막혔습니다. 게장을 갈아서 밥에 얹어 비벼 먹거나 상추쌈에 넣어 먹으면 꿀맛이었습니다.

어머니는 새벽에 도시락을 두 개 만들어 머리에 이고 게를 잡으러 가셨습니다. 물론 모든 길을 걸어서 다니셨습니다. 아무리 멀어도, 걸어서 갔다가 걸어서 돌아오셨습니다.

어머니가 주로 다니신 곳은 전라남도 영광군 '백수해변'이었습니다. 저희 집에서 6km 떨어진 곳입니다. 그러다가 백수 해변에서 게가 없어지거나 하면, 어머니는 전라북도 고창군 '심원해변'까지 다니셨습니다. 당시 저희들은 심원이 멀다는 것만 알았지, 얼마나 먼지는 알지 못했습니다. 가본 적도 없고, 누구에게 물어본 적도 없었기 때문입니다. (…) 동생 하나가 어느 날 도로표지판에 적힌 거리를 따져 보니, 저희 시골집에서 심원까지는 국도로 달려도 23km나 되더라는 것입니다.

그렇다면 국도가 뚫리기 전에 어머니가 다니셨을 구불구불한 길로는 대체 몇 km나 됐을까요. 어머니는 그 길을 걸어서 가셨다가, 거의 얼어붙은 도시락으로 두 끼를 잡수시고 게를 잡아 다시 걸어오셨다는 얘기입니다. 왕복 50km가 훨씬 넘었을 그 길을 말입니다.

저는 지금도 믿어지지 않습니다. 어머니의 그 괴력이 저는 지금도 믿어지지 않습니다.

이 꼭지의 제목은 '어머니는 초능력자?'다. 이낙연은 물론 누나와 동생들은 어머니의 정신세계를 경이롭게 생각한다. 가난과 우환에 짓눌린 집안에서 평생 동안 전쟁을 치르듯이 살았음에도 유머를 잃지 않는 어머니의 정신세계는 그 깊이를 헤아리기 힘들다는 것이다.

둘째 아들 이하연 씨가 『어머니의 추억』에 적어 둔 추억담이다.

내 기억으로 어머니는 좀처럼 눈물을 보이거나 우는 소리를 내지 않으셨습니다. 감기에 걸려도 속으로만 앓을 뿐 콧물을 흘리지는 않으셨습니다. 코를 푸는 모습도 본 기억이 별로 없습니다. 어머니는 특이체질인지도 모르겠습니다. (…) 내가 초등학교 6학년 때 4살짜리 여동생 '은주'가 죽었을 때도 어머니는 울지 않았습니다. 밤새 보채던 아이가 마지막에 숨이 턱에 찰 때 "아이고, 이것 죽는다!"라고, 어머니는 아주

낮고 짧게 외쳤을 뿐 끝내 눈물을 보이지 않으셨습니다.

　아버지가 돌아가셨을 때에는, 상여가 떠날 때까지 2박 3일 동안 꼭 한 번 곡을 하셨습니다. 그때도 눈물은 흘리지 않으시는 듯했습니다. 콧소리가 들렸지만, 코를 푸시지도 않았습니다.

이낙연의 생가가 있는 영광군 법성면 용덕리 발막마을은 외갓집이 있는 고창군 공음면 석교리에서 약 3km 떨어졌다. 생가에서 외가를 가려면 두 곳의 마을을 거쳐 야산 하나를 넘고 공동묘지 한가운데의 오솔길을 지난다.

장녀인 어머니는 친정을 수시로 찾았다. 제사나 결혼식 등 친정의 대소사를 앞장서서 챙기지 않으면 안 될 위치여서다. 그렇지만 집안 사정은 녹록지 않았다. 시어머니와 남편을 모시고, 7남매를 둔 처지라 밤늦게 친정에 갔다가 이른 새벽 집으로 돌아왔다.

친정 동생 진종철 씨는 누님의 담력을 이렇게 회고한다.

　제사 때 집에 오신 누님은 제사를 지낸 뒤 꼭두새벽에 집을 나섭니다. 무엇보다 혼자 사시는 시어머님 아침을 해 드려야 되니 그럴 수밖에 없었습니다.

　손전등도 없던 시절, 그러니까 젊은 날에도 혼자서 공동묘지를 지나 시댁으로 갔습니다. "무섭지 않냐?"고 물었더니 누님은 "무서움을 안

탄다"고 말을 하더군요. 그러면서 하는 말이 "내 눈엔 귀신이 안 보인다!"고 말했습니다.

우리 누님은 베짱이 그렇게 컸습니다.

『어머니의 추억』 서문에서 이낙연이 언급한 것처럼 뛰어난 기억력과 판단력까지 갖춘 어머니의 정신세계는 경이로운 그 무엇이 있는가 보다. 말이나 글로는 표현할 수 없는 놀라운 그 무엇이 있었던 모양이다.

이 세상의 모든 어머니는 작은 거인이고, 초능력자이리라. 이낙연의 어머니도 그런 위대한 우리의 어머니 가운데 한 분일 게다.

그런데 이낙연의 어머니는 남다른 신념을 평생 품고 살았다. 어머니의 팔뚝엔 붉은 반점이 있었다. 직경 3㎝ 정도의 보름달 모양이다. 갓난아이 때 생겼다는 그 반점을 어머니는 축복의 표식이라고 믿었다. 80년 동안 숨기고 살던 그 반점을 자식들에게 내보이며 어머니는 이렇게 말했다.

"아암, 내가 낳은 자식들은 다 잘 된다. 내 '달'이 있는데!"

아홉 번 죽는
굴비 먹고
"어찌 지조와 절개를 지키지 않으랴!"

새끼에 줄줄이 두름으로 엮인 굴비의 낯빛은 저마다 다르다. 입을 꼭 다물고 매서운 눈빛으로 사람을 노려보는 녀석도 있고, 입을 쫙 벌리고 멀뚱한 눈으로 세상을 멍하게 바라보는 녀석도 있다. 제 놀던 바다에서 그물코에 걸려 생을 마감한 사연이 저마다 달라서 그런 걸까.

고깃배가 칠산바다에서 갓 잡아 선창가에 내린 싱싱한 참조기를 소금으로 염장하고, 두름으로 엮어 건조해서 맛 좋은 굴비로 만드는 데 이골이 난 법성포 사람들은 "굴비는 아홉 번 죽는다"고 말한다. 그물로 잡을 때 첫 죽음을 맞이한 굴비는 오래 묵혀 간수를 뺀 천일염으로 한 마리씩 켜켜이 재는 섶간을 할 때도 죽고, 짚으로 엮어 높은 걸대에 걸어서 말릴 때도 죽는다. 얼음에 얼어 죽고, 소금에 절어 죽고, 바람에 말라 죽으면서 통통한 생조기가 바짝 마른 굴비로 거듭나기까지의 여정은 흡사 순교자가 걷던 길 같다. 고난의 가시밭길이다.

법성포 사람들은 또 "굴비 한 마리가 스물여섯 명을 먹여 살린다"고 말한다. 바다의 생조기가 아홉 번을 죽고 또 죽으며 육지의 굴비로 거듭나는 험난한 여정에서 스물여섯 사람의 생계를 돕는다는 말이다. 바다에서 생조기를 잡는 어부도 그중 한 사람이고, 뭍에서 생조기를 손질해서 천일염으로 염장하는 사람도, 새끼로 굴비 두름을 엮는 사람도 그 가운데 한 사람이다. 아홉 번 죽고 죽어 스물여섯 사람을 먹여 살린다는 굴비. 영광 굴비의 본고장인 법성포 사람들은 언제부터 굴비와 더불어 살아온 것일까.

고려 중기의 유학자인 김부식은 『삼국사기』의 저자다. '이자겸의 난'과 '묘청의 난'을 거치면서 권력의 중심부에 우뚝 선 정치가이기도 하다. 김부식과 동시대를 산 이자겸은 외척 가문이었던 인주 이씨였다. 당시 인주 이씨 가문은 날아가는 새도 떨어뜨릴 만한 막강한 권력을 쥐고 있었다. 급기야 이자겸은 난을 일으켰고, 인종은 난을 진압한 뒤 이자겸을 영광군 법성포로 유배 보냈다.

전해 오는 바에 따르면, 이자겸은 유배지인 법성포에서 특산품인 건조 참조기 맛에 반했다. 그 뒤 임금인 인종에게 건조 참조기를 진상했다. 한편, 이자겸은 건조 참조기의 이름도 '굴비(掘非)'라고 정했단다. '비록 내가 귀양살이를 하고 있지만 절대로 굴복하거나

비굴하게 꺾이지는 않겠다'는 뜻이 담겼다는 것.

전하는 얘기에 근거하자면, 소금에 절여 통으로 말린 건조 참조기를 굴비라 부르기 시작한 해는 고려 인종 4년인 1126년으로 추정된다. 이자겸이 1126년에 법성포에 유배되었고 그해 12월 사망한 데 따른 것이다. 이렇게 따져 본다면 '영광 굴비'라는 명칭은 지금으로부터 894년 전에 탄생한 셈이다.

하지만 혹자는 굴비의 어원과 유래를 이자겸의 전설에서 찾지 않는다. 참조기는 소금으로 간을 해서 해풍에 바짝 말리면 구부러진 모양새가 된다. 이 구부러진 모양새에서 굴비의 어원 유래를 찾는다.

어쨌거나 아홉 번 죽고 스물여섯 명을 먹여 살린다는 법성포 굴비는 결코 예사로운 건어물이 아니다. 새끼 두름에 줄줄이 엮인 굴비의 낯빛과 모양새엔 거친 바다에서 고기를 잡는 어부와 생계를 꾸리기 위해 참조기를 굴비로 만든 사람들의 시련과 애환이 서렸다.

아홉 번 죽어서 구부러진 몸으로 줄줄이 묶여도 때론 어금니를 앙다물고 이 풍진 세상을 노려보는 굴비. 그 정도면 체념하련만 당장 내 살점이 뜯기고 다시 또 죽어도 "어찌 내 뜻을 굽히랴!"라고 항변하는 것 같은 굴비. 살아서도 비굴하지 않고 죽어서도 비굴하지 않겠다며 이 세상의 마지막 순간까지 자존을 굽히지 않는 굴비를 보노라면, 칠산바다 조기 파시가 사라지기 이전부터 이 땅에서 찾아보기 쉽지 않았던 선비의 모습이 떠오른다.

이낙연의 길 …

평생 민주당을 지킨
이낙연과 아버지의
지조와 절개

　　이낙연의 어머니 진소임은 어린 시절 집안 어른들의 사랑을 독차지했다. 7남매의 맏이인데다 사주팔자도 가장 좋게 태어났기 때문이다.

　　이낙연의 외할아버지는 한학자. 사주 명리학의 기본은 꿰고 있을 터라 딸의 운세로 큰 인물이 될 만한 사윗감을 찾았다. 길거리에서도 장성한 청년과 마주치면 관상을 훔쳐본 뒤, 마땅하다 싶으면 말을 걸어 궁금한 점을 물었다. 그러던 어느 날, 법성면 용덕리 제방 근처에서 이낙연의 아버지인 청년 이두만과 마주쳤다.

　　"이보게 젊은이! 자넨 누구 집 자손인가?"

　　"네, 제 아버님은 젊은 시절에 돌아가셨고, 조부모님 함자는 화 자, 욱 자 올시다!"

　　당시 이두만은 제방에서 퇴비로 쓸 동물 배설물을 줍고 있었다.

이후, 이낙연의 외할아버지는 이두만에 대한 신상 정보를 파악해 두었던 모양이다.

이낙연의 막내 외삼촌 진철종 씨의 회고다.

누님이 나이 열여섯에 시집을 간 데는 그만한 이유가 있습니다. 일제 강점기여서 종군 위안부로 끌려갈지도 모른다는 걱정도 있었던 모양입니다. 그래서 아버님은 누님의 결혼을 서둘렀던 것 같습니다.

틈틈이 사윗감을 찾던 아버님은 우연히 만난 매형을 사윗감으로 지목해 두었습니다. 홀어머니를 모시고 가난하게 살고 있지만 장래가 괜찮겠다는 생각이 들어 결혼을 시켰다고 합니다.

사실 저희 큰매형은 누가 봐도 매력이 넘치는 사람이었습니다. 키도 크고 풍채도 좋았습니다. 힘도 세다고 소문이 자자했습니다. 음성도 좋고, 말도 잘하고, 당찼습니다. 이 일대에서 매형에게 감히 덤빌 사람이 없었습니다. 덕분에 저희 처남들에겐 큰매형이 든든한 뒷배였습니다.

이낙연의 아버지 이두만은 기골이 장대하고, 선비다운 기품을 품었다. 살림은 넉넉하지 않았지만 원칙을 지키며 양심에 따라 행동했다. 영광 지역 야당의 주요 인물이었다.

이낙연은 아버지에 대한 기억을 이렇게 회고한 바 있다.

제가 어렸을 때 아버지가 민주당 당원이셨습니다. 아버지의 영향으로 저는 권력에 대한 저항 의식과 정의감을 가슴속에서 키우며 성장했지요. 어깨너머로 정치를 배웠다 할까요. 그 당시 야당은 지금보다 훨씬 더 열악한 환경이었습니다. 그 어린 나이에도 불합리한 현실을 피부로 느꼈을 정도지요.

위아래 하얀 모시옷을 입고, 백구두까지 번듯하니 차려 신고, 열성 야당 당원으로 활동했던 아버지. 풍채로 보나 인생살이의 바퀴로 보나 아들 이낙연과 판박이다.

어린 시절에 저는 두 개의 별명을 가지고 있었습니다. 그중 하나는 '메주'.
어머니의 젖이 풍부해 저는 어려서부터 통통했습니다. 그런데 아버지를 닮아 얼굴은 긴 편이었습니다. 그래서 붙여진 별명이 메주였습니다. 얼굴이 길면서 통통하니까 누가 봐도 메주로 보였던 것이지요.
제가 어른이 되고 살이 빠지고 나니 더 이상 메주가 아니었습니다. (…) 돌아가신 아버지께서는, 제가 당신을 닮았다는 것을 기분 좋게 말씀하실 때면 이런 농담을 자주하셨습니다.
"품종 개량은 어려운 것이여!"

이낙연은 목소리가 굵어 '생영감'이라는 별명도 가졌다. 어린것이 영감 목소리를 낸다고 동네 누나들이 그렇게들 놀렸다. 낮고 굵은 목소리도 아버지를 닮았나 보다. 외삼촌 진철종 씨는 "큰매형은 음성도 좋고, 말도 잘했다"라고 회고한다.

진철종 씨는 또 큰매형 이두만의 정치 여정도 일부 기억하고 있다. 1960년 이승만 정권의 3·15 부정선거 때 얘기도 포함돼 있다.

큰매형은 생전 야당 생활만 하시다 돌아가셨습니다. 골수 야당이었습니다. 젊은 시절엔 신익희 선생과 조병옥 선생도 모셨습니다. 김대중 전 대통령도 도왔습니다.

옛날엔 야당 생활을 하면 신변에 위험도 많이 따랐습니다. 형사들이 잡으러 다니면 도망도 다녔습니다.

제 기억으로는, 총리가 초선 국회의원에 출마했을 때였습니다. 영광에 갔는데, 어떤 분이 오래된 사진을 들고 왔습니다.

살펴보니 1960년 3·15 부정선거 때 사진이었습니다. 영광에서도 3·15 부정선거 규탄대회가 열렸는데, 시위대 선봉엔 플래카드를 든 사람들이 있었습니다. 플래카드를 든 사람은 여덟 명이었던 같은데, 맨 가운데에 키도 가장 크고 혼자만 하얀 한복을 입은 사람이 있었습니다. 그분이 다름 아닌 우리 큰매형입니다.

그 당시 영광 지역 여당에서는 큰매형을 모셔 가려고 공력도 들이고 유혹도 많이 했습니다. 그런데도 꿋꿋하게 야당인으로 버텼습니다.

지난 2003년, 노무현 대통령은 민주당을 버리고 신당인 열린우리당에 동참했다. 그 무렵, 노 대통령은 사람을 보내 이낙연에게 신당 동참을 권유했다. 횟수는 두세 번쯤 된다. 참여정부 장관직을 주겠다는 제안도 있었다. 이낙연은 그 제안을 받아들이지 않았다. 『어머니의 추억』에 실은 이낙연의 회고담이다.

아버지와 제가 가장 어려운 국면에 처했을 때 가장 큰 영향을 주신 분은 바로 어머니였습니다. 그것은 어머니의 학식도 논리도 아닌 '심지'였습니다. (…) 제 아버지는 일흔을 조금 넘기고 작고하셨습니다. 고향에서는 아버지가 평생 야당 외길을 걸으신 분으로 기억되고 있습니다. 그러나 아버지도 한번은 흔들리셨다고 합니다. 어머니로부터 들은 애기입니다.

아버지는 청년기와 중년기를 야당의 지방 당원으로 지내셨습니다. 아버지는 어떤 야당 정치인을 도우셨지요. 그 정치인의 아드님이 정치를 이어받자 아버지는 다시 그 아드님을 도우셨습니다. 그러나 그 아드님은 전두환 정권 출범하고 함께 야당을 떠나 여당인 민정당에 합류하셨습니다. 그러면서 아버지께도 민정당에 함께 가자고 권유하셨던 모양입니다.

아버지도 흔들리셨다고 합니다. 그런 아버지를 어머니가 붙잡으셨습니다. 어머니는 아버지께 이렇게 말씀하셨다고 합니다.

"내가 당신을 만나 소박맞은 것도 참고, 시앗 본 것도 참았지만 자식들을 지조 없는 사람의 자식으로 만드는 것은 아무래도 못 참겠소."

그렇게 아버지의 여당행을 막으신 겁니다. 아버지는 어머니의 말씀을 따르셨습니다.

운명은 묘한 것입니다. 아버지의 장남인 저에게도 비슷한 상황이 닥쳤습니다. 제가 대변인으로 모셨던 노무현 대통령께서 민주당을 버리고 신당(열린우리당)에 동참하셨습니다. 그 무렵 대통령께서는 두세 번쯤 사람을 보내 저의 신당 동참을 권유하셨습니다. 장관직 얘기도 있었습니다.

저는 분당이 옳지 않다고 생각했지만, 그래도 고민했습니다. 2003년 민주당 분당 직후의 어느 날 아침이었습니다. 어머니로부터 전화가 걸려 왔습니다.

"나다. 신당 가지 마라 잉!"

어머니는 그 말씀만 하시고 전화를 끊으셨습니다. 시골 노인들이 으레 그렇듯이, 어머니도 전화가 엄청나게 짧습니다. (…) 나중에 어머니를 뵙고 왜 그렇게 생각하셨는지를 여쭈어 봤습니다. 어머니의 대답은 역시 짧았습니다.

"사람이 그러면 못 쓴다."

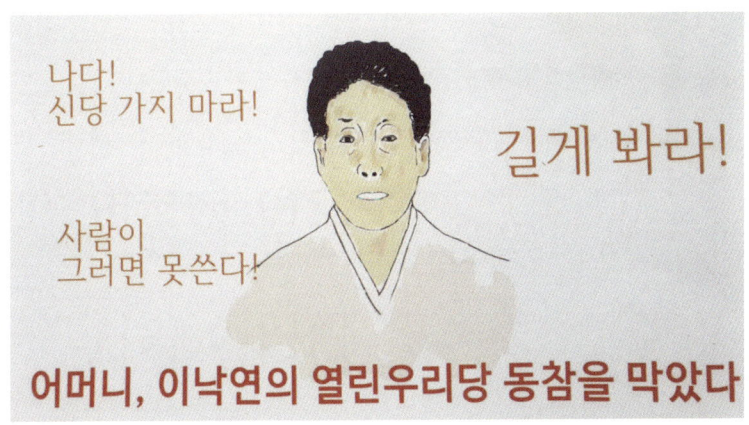

저는 때때로 '어머니'라는 한 인간을 곰곰 생각해 보곤 합니다. 아버지와 저는 어머니께서 가장 사랑하시는 두 남자일 것입니다. 두 남자 모두 여당에 갈 수도 있는 처지였습니다. 그런 두 남자에게 여당에 가지 말고 야당에 그대로 있으라고 권유하신 어머니의 판단은 무엇이었을까요.

그런 어머니께서 2006년 5·31 지방선거 직후에 제게 전화를 주셨습니다. 지방선거는 제게 좋지 않은 결과를 안겨 주었습니다. 저는 이런저런 번민에 빠져 있었습니다. 그것을 알아채셨을까요? 어머니는 민주당 분당 직후의 전화 이래 처음으로 제게 다시 전화를 거셨습니다. 어머니의 말씀은 단 한마디였습니다.

"길게 봐라."

아버지의 대를 이어 지조와 절개로 민주당을 지킨 이낙연. 아버지의 영향으로 어린 날부터 권력에 대한 저항의식과 정의감을 가슴속에서 키웠다. 꼬장꼬장한 선비였던 아버지를 닮아서인지 이낙연의 언행엔 선비 정신이 그윽이 흐른다. 때론 여울처럼, 때론 강물처럼 흐르는 그 선비 정신 속에 강한 뿌리를 내린 심지, 즉 마음에 품은 의지는 어머니가 심어 준 듯하다. 학식도 아니고 논리도 아닌 어머니의 심지엔 사람이 지켜야 될 도리와 양심이 담겼다.

아버지는 민주당의 이름 없는 지방 당원으로 청년 시절부터 노

년까지 활동했다. 이낙연은 민주당에서 20년 넘게 크나큰 혜택을 받으며 성장했다. 이낙연은 지난 7월 7일, 민주당 대표 출마의 변을 이렇게 마무리했다.

"선친이 헌신하신 민주당, 저를 성장시켜 준 민주당에 헌신으로 보답하겠습니다. 그것이 저의 영광스러운 책임입니다."

법성포 뒷산
인의산,
'어질고 의로운 인물' 낳다

 법성포엔 '어짊'과 '의로움'의 산이 있다. '인의산(仁義山)'이다. 뒷뫼산 또는 후산이라고 불리는 이 산의 몸집은 작다. 높이가 150m 정도밖에 안 된다. 하지만 다른 고장의 어지간한 큰 산과 맞씨름해도 어금버금할 만큼 기운차다.

 인의산을 뒷뫼산이라 부르는 것은 포구의 뒷산이어서 그런단다. 인의산을 '후산(後山)'이라 부르는 이유도 그렇단다. 산의 족보라는 『산경표(山經表)』에도 등장하지 않는 인의산이란 산 이름은 법성포초등학교 교가에 처음 등장한다. 1930년대 만들어진 교가의 작사자는 미상, 작곡가는 범재진 선생님. 전등불을 끄고 바이올린을 켤 정도로 바이올린 독주에 탁월한 선생님이었다고 한다.

 여름엔 바다에서 불어오는 남서풍 탓에 습하고 무덥다. 반대로 겨울엔 육지에서 불어오는 북서풍 탓에 춥다. 법성포 중앙에 위치한 법성리와 진내리에도 겨울엔 매서운 북서풍이 몰아치기 마련이다. 그래서인지 옛 법성포 사람들은 인의산을 넘어서 마을로 들어오는 북서풍을 막으려 방풍림을 조성했다. 방풍림의 명칭은 '숲쟁이'다.

한낮에도 햇빛 한 점 스며들기 힘들어 보이는 울창한 숲인 숲쟁이엔 수령이 수백 년 된 느티나무 150여 그루가 빽빽하게 들어차 있다. 법성포 숲쟁이는 국가 명승 22호로 지정돼 있고, 한국의 10대 아름다운 숲 중 한 곳이다.

거목이 된 해송과 팽나무도 구경할 수 있는 인의산 숲쟁이는 법성진성(法城鎭城)을 축조할 때 조성되었다. 법성진성은 법성포에 설치된 조창과 관련해 조선 왕조 중종 9년인 1514년에 건립됐다. 숲쟁이란 '숲이 있는 고개'라는 뜻도 있고, '숲으로 된 성(城)'이란 뜻도 있다. '쟁이'가 '고개', 즉 '재'라는 뜻도 있고, '성'이라는 뜻도 있기 때문이다.

숲쟁이가 있는 인의산은 법성포의 뒷산이다. 뒷산의 이름에 '인의(人義)'를 넣은 걸 보면 예로부터 법성포 사람들이 어떤 마음가짐으로 한세상을 살았는지 대강이라도 가늠해 볼 수 있다.

법성포 사람들은 포구로 흘러드는 강을 '예지강(禮智江)'이라 불러왔다. '예(禮)'는 '예의'를, '지(智)'는 '지혜' 또는 '슬기'를 뜻한다.

예로부터 유가에서는 사람이 항상 갖추어야 할 다섯 가지 도리

를 중히 여겼다. '인의예지신(仁義禮智信)'을 일컫는다. 이를 '오상(五常)'이라 한다. 여기서 '신(信)'은 '믿음'이다. 우리네 선인들은 오상, 즉 어질고, 의롭고, 예의가 있고, 지혜로우며, 믿음이 있어야 참된 사람으로 여겼다. 중국의 전통 사회에서도 그랬다. 사람이 마땅히 지켜야 될 이 다섯 가지 덕목은 유교의 핵심적인 가르침이다. 그 가르침의 대상은 선비나 군자만이 아니다. 군주도 포함됐다. 군주는 오늘날의 대통령이다.

대한민국의 역대 대통령 중 인의예지신의 덕목을 두루 갖춘 대통령은 몇 명이나 있었을까. 있었다면, 어질고, 의롭고, 예의가 있고, 지혜로우며, 믿음을 줄 만한 대통령은 누구였을까. 20대 대통령을 꿈꾸는 잠룡 중엔 그런 인물이 과연 있을까.

노자는 도덕경에서 '아궁이에 불을 지피는 자는 몸을 일으키지 않는다'며 '자신만 바라보고, 자신을 드러내기 급급하고, 자신을 떠벌이기에 바쁘고, 자신만 대단하게 여기는 자는 지도자가 될 수 없다'고 했다.

그리고 노자는 '훌륭한 사람은 물을 닮았다'며 '몸 둘 자리는 잘 살피고, 말엔 정성을 기울이고, 남을 섬길 때는 자기 능력을 살피고, 움직일 때는 적절한 시점을 잘 파악하라'고 설파했다.

한국과 중국을 포함한 동양의 마음은 유교, 불교, 그리고 도교를 통해 다듬어졌다고 한다. 김중배 전 동아일보 논설위원은 한겨레

출판이 펴낸 『탄허록』 서문에 이렇게 적어 두었다.

> 유교는 존심양성(存心養性)을 말하고, 불교는 명심견성(明心見性)을 말하고, 도교는 수심연성(修心練性)을 말한다. 두어 기른다는 유(儒)나, 밝혀 본다는 불(佛)이나, 닦아 단련한다는 선(仙)이나, 그 표적은 필경 마음이었다. 다만 접근의 길과 깊이가 달랐다면 달랐을 뿐이다.

우주의 중심엔 북극성이 있다. 제 자리를 지키고 있는 붙박이 별이다. 북극성은 주변의 별들에게 오라 가라 일절 말을 하지 않는다. 그럼에도 천체의 무수한 별들은 북극성을 향한다.

공자는 '덕(德)의 정치'를 북극성에 비유했다. 참된 힘은 낮춤과 비움에서 나온다고 말했다. '인'을 말하고, '의'를 말하고, '예'를 말하고, '지혜'와 '약속'을 말하면서도, 마음을 수양하지 않으면 어리석고, 허황되고, 반역질이 될 것이라고 경계했다. 용맹스럽고, 강하더라도 스스로 부족함을 인정하지 않고, 열린 마음으로 죽는 그 날까지 배우기를 거부한다면 광기가 된다고 경고했다.

스스로를 낮추고 비운 지 오래인 이낙연. 보다 더 힘든 우리의 이웃을 향해 걸어가는 그의 숙인 머리와 굽어진 등은 공자의 덕치를 떠오르게 한다.

이낙연의 길 …

살아생전 DJ가 본 이낙연, '변함이 없는 사람'

DJ는 살아생전에 이낙연의 선친을 만난 자리에서 이렇게 말했다.

"이 기자는 변함이 없는 사람입니다."

이낙연은 서울대 법대 70학번이다. 서울 유학 생활도 광주에서의 유학 생활과 별반 차이가 없었다. 배고픔도 그대로고, 잠자리 걱정도 매일반이었다. 서울살이를 시작하면서 입주 가정교사를 했지만 채 1년도 안 돼 그만두게 되었다. 그 뒤, 당시 서울대가 있던 종로구 동숭동 근처 선배네 하숙집이나 친구들 자취방을 전전했다.
박정희 정권의 폭정은 대학 2학년 때인 1971년에도 여전했다. 강의실 안엔 최루탄 가스가 날아들고, 강의를 받는 날보다 휴강하는 날이 더 많았다.

DJ, 이낙연 아버지에게 한 말

이낙연 기자는
변함이 없는
사람 입니다

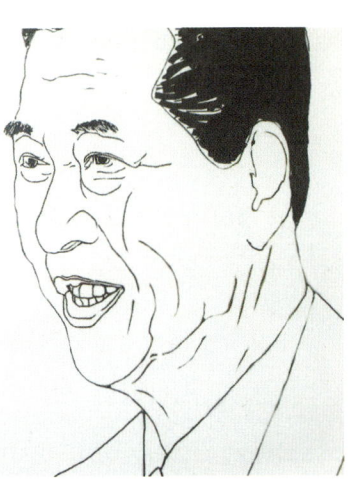

어지러운 세태에 갈피를 잡지 못하고 방황하던 이낙연을 불러 세운 사람이 있었다. DJ였다. 당시 DJ는 신민당 대통령 후보였다. 초라한 이낙연의 청춘은 첫 대통령 도전에 나선 DJ의 군중 연설을 들으면서 시작됐다. 1971년 4월, 장충단공원에서 열린 대선 유세장에 몰린 백만 인파 속에 청년 이낙연도 끼어 있었다.

16년 뒤인 1987년, 이낙연은 두 번째 대통령 도전에 나선 DJ를 만났다. DJ 전담 기자였다. 기자로서는 DJ의 승용차에 가장 먼저 동승하고, DJ를 가장 많이 독대했다.

DJ는 2009년 8월 18일 서거했다. 이낙연은 DJ 서거에 부쳐 글을 썼다. 제목은 '위대한 시대가 끝났다, 내 작은 청춘도 끝났다'였다.

언젠가는 이런 날이 오게 돼 있었을 것이다. 그러나 나는 이런 날이 오리라는 것을 단 한 번도 생각해 보지 못한 것이 분명하다. 그렇지 않고서야 이렇게까지 멍해질 수는 없는 노릇이다.

김대중 대통령님께서 서거하신 2009년 8월 18일 낮 1시 43분. 그 시간으로 한 시대가 끝났다. 대한민국의 가장 강렬하고 가장 충실했던, 위대한 시대가 끝났다. 나의 작은 인생에도 그 시간으로 청춘이 끝났다.

DJ께서 제1야당 대통령 후보로 결정되신 1970년에 나는 대학 1학년생이었다. 그분의 국가적 정치가 본격적으로 시작되던 해에 나의 누추한 청춘도 본격 시작됐다. 그분을 뵙는 것이 나의 가장 큰 자랑이었고,

그분의 연설을 듣는 일이 나의 가장 큰 기쁨이었다. 그분의 연설 때문에 나는 수업을 빼먹기도 했다. 1971년 대통령 선거에서 그분은 패배하셨다. 나는 세상이 결코 달콤한 무대가 아니라는 것을 처음으로 알았다. 나는 어른이 되고 있었다.

DJ는 납치 망명 투옥 연금의 세월을 사셨다. 나는 대학을 졸업하고 군대에 다녀왔다. 그리고 신문기자가 되었다. 내가 견습기자 딱지를 떼자마자 박정희 대통령께서 서거하셨다. 나는 총리실 담당이었다. 총리실은 사실상 청와대가 됐다. '서울의 봄'이 왔다. DJ는 복권됐다. DJ의 복권을 나는 감격적인 기사로 썼다. 그 기사는 보도되지 못했다. '서울의 봄'은 짧았다. 1980년 5월 17일 신군부는 DJ를 비롯한 지도자들을 체포하고 정치를 정지시켰다. DJ는 사형선고를 받았다.

전두환 정권은 한미 정상회담을 추진했다. 미국 측은 DJ의 감형을 한미 정상회담의 조건으로 걸었다. 나는 외무부 출입기자였다. 나는 외무장관실에 숨어 들어가 DJ의 생사를 취재하곤 했다. 어느 날 외무장관은 오른쪽 엄지손가락을 나에게 올려 보였다. 신문사에 DJ의 감형을 보고하면서 나는 얼마나 자랑스럽고 행복했는지 모른다. 그러나 언론 검열 때문에 DJ 감형도 보도할 수 없었다.

DJ께서 대통령에 두 번째 도전하신 1987년에 나는 DJ 전담 기자가 됐다. 나는 새벽부터 밤중까지 DJ를 취재했다. 전국 순회 유세 중에 DJ의 승용차에 가장 자주 동승한 사람도 나였다. 내 인생에서 가장 충실한 기간이었다. 노란색 물결을 이루었던 DJ의 광주 조선대 연설을 나는 '유채밭 같다'고 보도했다. DJ는 또 낙선하셨다. 낙선 열흘 뒤에 나는 텅 빈 동교동 자택 응접실에서 망연하게 창밖을 바라보시던 DJ의 모습을 생생하게 보도했다. 그 기사는 DJ 지지자들을 울렸다.

내가 동경 특파원으로 일하던 1991년 내 아버지께서 별세하셨다. 돌아가시기 2년 전에 DJ로부터 "이(낙연) 기자는 변함이 없는 사람입니다"라는 말씀을 들으신 것이 아버지 인생의 마지막 자랑거리였다. 그것이 나의 마지막 효도이기도 했다.

1997년 12월 DJ는 마침내 대통령이 되셨다. 2000년에 나는 DJ의 공천으로 국회의원이 됐다. 나는 그해 남북정상회담 사전 설명반의 일원으로 미국과 일본을 방문하느라 국회의원 선서도 못했다. 그해 DJ는 노벨평화상을 받으셨다. 나는 DJ 지지자들의 기념행사에서 거의 매년 축사를 했다. "대통령님, 감사합니다. 대통령님의 위대한 생애와 업적을 몇 백 번 몇 천 번 재평가하면서, 그때마다 새로운 깨달음을 갖게 해 주셔서 감사합니다"라고 나는 말했다.

DJ와 관련된 나의 경험은 책으로 써야 할 정도다. 내 삶은 DJ를 빼고 설명하기 어렵다. 앞으로도 그럴 것이다. DJ께서 떠나신다는 것이 나에게 실감 될 리가 없다. 마치 아버지와의 이별을 알지 못하는 어린아이처럼, 나는 DJ의 서거를 제대로 이해하지 못하는 것 같다. 나는 DJ 서거를 제삼자로서 말할 수가 없다.

나는 하나님께 감사를 드려야 한다. 김대중 대통령님처럼 위대한 인간을 내 나이 스무 살부터 뵐 수 있었던 것은 하나님의 축복이 아니고서는 불가능하다. 나는 김대중 대통령님께 영원히 감사를 드려야 한다. 그분이 계셔서 나는 행복했고, 충실했다. 아직 나는 김 대통령님의 명복을 빌 준비가 되어 있지 않다. 나에게 김 대통령님은 아직도 살아 계신다.

김대중 대통령 서거와 함께 정말 위대한 시대도 끝났고, 이낙연의 작은 청춘도 끝난 것일까. 결코 그런 건 아닌 듯하다.

이낙연은 DJ 사후, DJ의 유지와 유업을 잇기 위해 남다른 걸음을 걸었다. 2011년 목포시 삼학도에서 열린 김대중 노벨평화상기념관 개관식에서 이런 인사말도 남겼다.

우리가 김 대통령님과 같은 시대를 산 것은 축복입니다. 우리 선조들은 김 대통령님 같은 위대한 인간이 한반도에서 태어나실 것을 상상하지 못하셨을지도 모릅니다. 우리 후대는 역사를 통해 김 대통령님을 배울 수밖에 없을 것입니다. 그러나 우리 세대는 김 대통령님과 같은 꿈을 꾸고, 같은 길을 따르며, 같은 고난과 같은 영광을 경험했습니다.

우리는 김 대통령님처럼 위대하지는 않습니다. 그러나 그분의 위대한 삶을 우리 삶의 일부로 가지고 있습니다. 한 위대한 인간의 꿈과 삶을 표상할 김대중 노벨평화상기념관은 우리의 꿈과 삶의 일부를 담고 있기도 합니다. 그 꿈과 삶이 자손만대에게 두고두고 영광스럽게 전해지리라 믿습니다.

2012년 8월 18일 3주기 추도식 때, 이낙연은 제주도에 갔다. 전국 각지에서 추도식이 열렸는데, 제주도 추도식이 외롭다고 해서다. 제주시 신산공원 4·3해원방사탑을 에워싼 현수막엔 '다시 행동하는 양심'이라는 문구가 적혀 있었다. 신산공원에서 열린 추도식에서 이낙연은 "우리는 12월 정권교체를 이룬 뒤에 탈상하고 상복을 벗자!"라고 말했다. 안타깝게도 그해 12월에 치러진 제18대 대선에서 정권 교체는 이루어지지 않았다.

DJ는 이낙연의 운명이다. DJ는 이낙연의 정치적 아버지다. 이낙연은 DJ의 정치와 철학을 닮으려고 노력했다. 특히 '서생적 문제의식과 상인적 현실감각이라는 절묘한 균형'을 배우려 했다. 오랜 세월 고난의 길을 걸었지만 인동초 같은 삶으로 인류의 존경을 받는 세계적인 정치 지도자로 살다간 DJ. 이낙연은 30대 중반 이후, 노벨평화상 수상자인 DJ로부터 정치와 철학을 배우고, 국가관과 세계관도 배웠다.

DJ는 30대 중반의 젊은 기자 이낙연을 '변함없는 사람'으로 보았다. 세월이 흘러 이낙연은 이 나라의 정치적 거목으로 성장했다.

DJ의 정치와 철학을 나침반 삼아 작은 시빗거리도 남기지 않고 깔끔한 정치인의 길을 걸어 온 이낙연. 그는 오늘도 변함없이 어질고, 의롭고, 예의와 지혜가 있고, 믿음을 주는 정치인이 되려 한다. DJ의 위대한 유지와 유업을 받들고 뚜벅뚜벅 걷는 본새는 '다시 행동하는 양심'이 되겠다는 걸음새다.

법성포 앞산
대덕산,
'제왕의 덕' 품다

 법성포 굴비는 '굴비의 제왕(帝王)'이다. 한국인의 밥상에 오르는 굴비의 산지가 어디 법성포 한 곳뿐이겠는가만 한국인 누구나 '영광 굴비', 즉 '법성포 굴비'를 으뜸으로 꼽는다.

 법성포 굴비는 굴비의 제왕다운 위상과 자격을 두루 갖췄다. 고려 시대부터 나라님의 수라상에 올랐으니 그 위상은 높디높고, 맛이 뛰어나고 훌륭해 천하일미로 꼽히니 그 자격은 모자람 없이 넉넉하다.

 이 세상 그 어떤 굴비도 법성포 굴비에 맛을 견줄 수 없는 이유가 무엇일까. 민속학계에서는 이렇게도 정리했단다. "법성포 굴비는 바람과 소금, 그리고 사람 손길의 절묘한 만남"이라고.

 한편, 법성포 상인들은 "법성포 굴비의 맛은 조기를 어디서 잡느냐로 결정되는 것이 아니라 어디서 말렸느냐로 결정된다"라고 말

한다. 민속학계의 정리와 법성포 상인들의 얘기를 종합해 보면, 법성포 굴비가 굴비의 제왕이 된 데는 법성포 갯바람도 한몫을 거든 모양이다.

여느 앞바다처럼 칠뫼 앞바다인 칠산바다 역시 밀물엔 뭍으로 들고 썰물엔 난바다로 빠져나간다. 밀물 때, 칠산바다는 마치 조개가 발을 내미는 것처럼 깊숙하고 아늑한 법성포만에 바닷물을 서서히 밀어 넣는다.

그 수를 헤아리기 힘들 정도의 고깃배들이 등을 기대고 누워 잠을 청하고 피로를 풀었을 법성포의 갯벌. 뭍머리 갯고랑에 밀물이 차오르기 시작하면 포구의 바람길이 바뀐다. 북서풍인 된하늬바람이 포구 안으로 든다.

선창가를 참방거리던 바닷물이 빠져나가기 시작하면 바람길이 다시 바뀐다. 남동풍인 된마파람이 일어난다. 법성포만엔 밀물에 부는 된하늬바람과 썰물에 일어난 된마파람이 맞닥뜨리는 산이 있다. 대덕산(大德山)이다.

법성포 사람들은 "법성포엔 밀물이 나면 북서풍이 불고, 썰물이 나면 남동풍이 밀려온다. 밀물의 북서풍과 썰물의 남동풍은 대덕산에 부딪혀 돌아서 나오는데, 이 두 종류의 바람이 소금의 염도와 적당히 어우러져 법성포 특유의 고소하고 담백한 굴비 맛이 난다"라고 말한다.

기온과 습도, 그리고 바람길과 풍속까지 굴비를 말리기에 최적의 자연환경을 갖추고 있다는 법성포. 밀물 때 된하늬바람과 썰물 때 된마파람의 바람길을 되돌려 법성포 굴비를 탄생시켰다는 대덕산은 법성포의 앞산이다. 뒷산인 인의산과 함께 법성포의 바람길과 물길을 다스린 명산이다.

　해발 240m의 대덕산. 그다지 높지 않은 야트막한 산이지만 정상에 서면 조망이 탁 트인다. 꽤 넓고 멀다. 한량없이 눈부시다. 고개를 들어 멀리 내다보면 시간에 따라, 기후와 계절에 따라 변화무쌍한 장관을 연출하는 칠산바다가 시선을 붙든다. 치자색으로 물든 황혼이 수평선에 입맞춤할 때면, 가슴 속에 엉겨 있던 근심과 걱정도 금세 녹는다. 발아래를 굽어보면 드넓은 논을 동그랗게 휘감고 도는 포구의 물길이 특히 눈에 띈다. 소드랑섬 주변 한시랑뜰을 S자로 그리며 돌아나가는 와탄천 물돌이다.

　대덕산은 밀물과 썰물에 따라 바뀌는 갯바람의 바람길을 가로막고 다독거려 굴비의 제왕인 법성포 굴비의 위상과 자격을 온전하게 보전하는 데 한몫 거들었다. 법성포인과 외지인에게 넓고, 멀고, 한량없이 눈부신 조망을 제공했다. 이 산의 이름에 '대덕(大德)'이라는 단어가 깃들게 된 내력은 어찌 될까.

　법성포 진내리 좌우두. 이곳은 서기 384년 인도의 승려 마라난타 존자가 첫발을 디딘 백제 땅이다. 마라난타는 중국 동진을 거쳐

배를 타고 법성포로 들어왔다. 좌우두 일원엔 '백제 불교 최초 도래지'라는 관광 시설이 조성돼 있다. 마라난타가 첫발을 디딘 좌우두의 백제 불교 최초 도래지는 법성면과 법성포의 지명을 탄생시켰다.

법성면 지명엔 '성스러운 불법'이라는 의미가 깃들어 있다. '법(法)'은 불법을, '성(聖)'은 서기 384년 백제에 불교를 최초로 전한 마라난타 존자를 지칭한다. '존자(尊者)'란 학문과 덕행이 뛰어난 부처의 제자를 높여 이르는 말이다. 이런 내력 때문에 법성포 사람들은 대덕산의 산 이름도 불교에서 나왔다고 여긴다.

『한국민족문화대백과사전』에 따르면, '대덕(大德)'은 본래 부처님을 지칭하던 말이었으나 뒤에 지혜와 덕망이 높은 승려들에 대한 존칭으로도 사용되었다. 고려·조선 시대 승려의 법계(法階) 가운데 하나였다.

법성포 주민 박찬석 씨는 대덕산 지명 이야기를 이렇게 정리한다.

불교의 대덕은 자비와 같은 말이다. 가엾게 여기는 중생들을 깊이 사랑하고, 그들에게 즐거움을 주고, 그들의 괴로움을 없애 주는 일이 자비 아닌가.

우리 법성포의 주산인 대덕산과 후산인 인의산, 그리고 법성포로 흘러드는 예지강, 이 두 개의 산과 하나의 강엔 세 종류의 사상이 스며 있다. 다름 아니고 도가, 유가, 불가의 사상이다.

    도가의 풍수, 유가의 핵심 덕목이자 실천 강령인 인의예지신은 불가의 대덕으로 통한다.

    대덕산은 바람길을 막고 다독여 굴비의 제왕인 법성포 굴비를 탄생시켰다. 그렇다면 대덕산은 제왕의 길에 나선 이낙연의 가슴에 얼마나 넓고, 얼마나 큰 덕을 안겼을까.

이낙연의 길 …

노통의 대변인 이낙연,
"지름길을 모르거든 큰길로 가라"

지난 8월 25일 밤, KBS는 더불어민주당 당 대표에 출마한 후보들과 함께하는 TV토론회를 생방송으로 내보냈다. 이 토론회의 마무리 발언 때, 이낙연 후보는 이렇게 말했다.

저는 민주당의 은혜를 많이 입은 사람입니다. 민주당이 배출했던 세 분 대통령의 각별한 사랑을 받으면서 정치인으로 성장했습니다.

김대중 대통령의 공천으로 국회의원을 시작했습니다.

노무현 대통령의 대변인으로서 그분의 경선을 도왔고 대통령 취임사를 써 드렸습니다.

그리고 문재인 대통령의 초대 국무총리로 민주화 이후 최장수 국무총리의 영예를 안았습니다.

김대중 대통령의 중산층과 서민의 정당, 노무현 대통령이 꿈꾸셨던

사람 사는 세상, 문재인 대통령의 철학인 사람이 먼저다는 생각, 제가 더 구현하고 내용을 채우겠습니다.

그래서 국민 여러분 모두가 함께 잘사는 일류국가로 다가가도록 혼신의 노력을 다하겠습니다. 제가 가진 모든 것, 여기에 바치겠습니다. 국민 여러분, 함께해 주시길 바랍니다.

2000년, DJ의 공천으로 여의도에 입성하자마자 이낙연은 소속 정당의 대변인을 맡았다. 2001년 11월, 새천년민주당 대변인에 취임했다.

2002년 16대 대통령 선거 때는 새천년민주당 대선 후보인 노통, 즉 노무현 전 대통령의 대변인이었다. 상대는 한나라당 이회창 후보였다. 이때 이낙연은 이런 어록을 남겼다.

"지름길을 모르거든 큰길로 가라. 큰길도 모르겠거든 직진하라. 그것도 어렵거든 멈춰 서서 생각해 보라."

당시 민주당에서는 탈당자가 연속해서 나왔다. 노통의 지지율이 떨어지자 민주당에서는 후보 교체를 요구했다. 그러면서 잇따라 탈당했다. 탈당하는 민주당 의원들을 겨냥한 말이었다.

2002년 12월 19일, 노통은 16대 대통령에 당선됐다. 이낙연은 노통의 대통령 취임사를 최종적으로 다듬었다. 참여정부 연설비서관 강원국 씨는 그때의 일을 이렇게 회고한다. 2019년 12월 〈한겨레〉와의 인터뷰 내용 중 일부다.

당시 취임준비위원은 7명이었습니다. 노 전 대통령은 취임사를 돌려가며 쓰게 하셨는데, 다 마음에 안 들어 하셨습니다. 구술도 여러 차례 하셨어요. 마지막에 결국은 이낙연 총리가 펜을 들었는데, 바로 한 자도 안 고치고 '오케이' 하셨어요. 그 글을 보니 알 수 있었습니다. 대통령께서 하고 싶은 말씀이 무엇이었는지, 경이로운 경험이었습니다. "보통 사람이 아니구나!" 했습니다.

강원국 씨는 이낙연을 노통의 인수위 때 처음 만났다고 한다. 그러면서 "당선자 비서실장이었다. 너무 똑똑하고 빈틈이 없었다"고 당시 이낙연의 직책과 첫인상을 회고한다.

노통은 이낙연에게 청와대로 같이 들어갈 것을 강권했다. 이낙연은 거절했다. 2003년 새천년민주당은 둘로 갈라졌다. 노통은 이낙연에게 열린우리당 합류를 권했다. 장관 자리도 제안했다. 그러나 이낙연은 꼬마 민주당에 남았다.

한나라당이 주도한 노통의 탄핵 정국이 시작됐다. 빌미는 노통의 발언이었다. "국민들이 총선에서 열린우리당을 압도적으로 지지해 줄 것을 기대한다"고 말한 것이다. 탄핵소추안 찬반 투표 결과, 압도적인 찬성표가 나왔다. 재적의원 271명 중 195명이 투표에 참여했다. 찬성이 193명, 반대는 2명이었다. 반대표를 던진 두 명이 누구인지, 정치권과 세간의 시선이 집중됐다. 그중 한 명이 이낙연이었다. 당론을 거스르고 반대표를 던진 것이다. 결코 쉽지 않은 선택이었으리라.

이낙연은 이렇게 노통과의 의리를 지켰다. 비록 열린우리당에 합류 하지는 않았지만 대변인으로서, 비서실장으로서, 취임사의 최종 완성자로서, 정권 재창출과 참여정부 출범을 돕는 과정에서 노통과 맺었던 진한 인연을 저버리지 않았다.

2009년 5월 23일, 노통은 서거했다. 약 석 달 뒤인 8월 18일, DJ도 서거했다. 이때 봉하마을 대표들이 분향소에 찾아왔다. 분향소는 광주 옛 전남도청 앞에 마련돼 있었다.

이낙연은 봉하마을 대표들에게 이렇게 답례했다.

저는 봉하마을 주민 여러분과 저희 광주 전남 시도민이 사촌이라고 생각했습니다. 저희들이 정신의 아버지로 섬기는 김대중 대통령님과 봉하마을의 정신적 아버지인 노무현 대통령님께서 형제 같은 관계이시니까, 우리는 사촌이라고 생각했습니다.

그러나 조금 전에 (김대중 노무현 전 대통령의 사진과 김 대통령의 '행동하는 양심', 노 대통령의 '깨어 있는 시민'이라는 좌우명이 함께 들어간 걸개 그림을 제막하고) 저는 우리가 사촌이라는 생각이 잘못이라는 것을 알았습니다. 우리는 사촌이 아니라 친형제입니다. (…) 김대중 대통령님은 민주주의와 서민 경제, 동서 화합과 남북 화해 협력을 평생 꿈꾸셨고, 그 꿈을 이루기 위해 평생을 바치셨습니다. 김 대통령님은 그 꿈을 많이 진척시키셨으나 완성하지는 못했습니다. 김 대통령님이 완성하지 못한 꿈을 노무현 대통령님이 계승하셨고, 그 꿈을 이루기 위해 노 대통령님은 모든 것을 던져 싸우셨습니다. 노 대통령님 또한 그 꿈을 많이 진척시켰으나 완성하지는 못했습니다.…

우리는 같은 아버지를 잃은 고아 형제들입니다. 두 분 대통령님께서 못다 이루신 꿈은 우리 고아 형제들 앞에 놓이게 됐습니다. 두 분 대통령님의 역량을 우리가 어찌 따라갈 수 있겠습니까만, 우리는 친형제로서 두 분 대통령님의 유지를 받들어야 할 똑같은 책무를 안고 있습니다.

문재인 정부 출범의 해인 2017년 10월 19일, 총리 이낙연은 봉하마을을 찾았다. 묘역을 참배한 뒤, 방명록에 이렇게 적었다.

나라다운 나라로 사람 사는 세상 이루겠습니다. 당신을 사랑하는 못난 이낙연

이낙연은 홀로 있을 때도 도리에 어그러짐이 없도록 몸가짐을 바로 하고 언행을 삼간다. 그러면서 낮은 목소리로 "한없이 겸손하자"고 되뇐다. 이낙연은 겸손과 인애를 몸소 실천하는 사람이다. 이는 새로운 세상을 열 수 있는 큰 덕이다. DJ와 노통은 이낙연에게서 '제왕의 덕과 소양'을 보았을지도 모른다.

이낙연은 서울대에서 법학을 전공했다. 비록 사법고시에 합격하지는 못했지만 법조인 못지않게 법치주의에 대한 이해가 깊다. 이낙연은 또 언론계에 20여 년 동안 몸을 담았다. 덕분에 세상을 바라보는 식견이 뛰어나다. 제왕에 오를 수 있는 이런 기본 소양을 두루 갖춘 정치인이 우리 주변에 과연 몇이나 될까.

이낙연은 지난 8월 25일 밤에 방송된 KBS의 더불어민주당 당대표 후보 TV토론회에서 이렇게 말했다. 민주당이 바꿔야 될 세 가지가 무엇인지를 묻는 사회자의 질문에 이렇게 대답했다.

첫째는 유능, 둘째는 기민, 셋째는 겸손입니다.

첫째 유능은, 할 일을 제대로 하고 성과를 반드시 낼 수 있어야 한다는 뜻입니다. 정책이 효과를 낼 만한 정책을 그때그때 내놓아야 됩니다. 예컨대 부동산 정책이라든가, 또는 국회에서, 물론 협치가 필요합니다만, 그러나 할 일은 꼭 하는 그런 유능함이 필요합니다.

둘째는 기민입니다. 무슨 일이 생기면 빨리빨리 대처를 해야 됩니다.

최근에 어떤 일들이 몇 번 있었는데, 조금씩, 한 템포씩, 시기를 놓치는 경우가 있었습니다. 그런 안타까운 일이 있었습니다. 그런 일이 없도록 무슨 일이 생기면 바로바로 대응해 들어가는 기민성이 필요합니다.

셋째는 겸손입니다. 국민들을 속상하게 하는 이상한 언동들, 하면 안 됩니다. 설령 옳은 말이라 하더라도 국민들의 마음을 거스르는 말은 삼갈 줄 아는 정치적인 감각, 겸손함이 필요합니다.

'신독(愼獨)'의 행보를 이어 가지만 이낙연은 차분하면서도 엄중하다. 목소리는 낮지만 그 울림은 듣는 이의 간담을 서늘하게 할 만큼 쩌렁쩌렁하다.

21대 총선 전날인 지난 4월 14일, 이낙연은 자신의 출마지인 종로에서 마지막 유세를 펼쳤다. 이날 저녁, 동묘앞역 10번 출구 앞에서 이렇게 외쳤다.

민주당이 부족한 것이 많습니다. 때로는 오만합니다. 제가 그 버릇 잡아 놓겠습니다. 때로는 국민의 아픔, 세상의 물정 잘 모르는 것 같은 언동도 합니다. 그것도 제가 잡아 놓겠습니다.

아마도 DJ와 노통은 이낙연을 외유내강의 표상으로 보았을 것이다. 이낙연은 겉으로는 한없이 부드러워 보인다. 세상을 향해 "한

없이 겸손하자"고 되풀이한다. 그러나 속으로는 강철 같은 사람이다. 위대한 역사 인물인 DJ와 노통에 견줄 수는 없겠지만 이낙연은 심지가 한없이 깊은 사람이다. '솜털로 감싼 강철' 같은 정치인이다.

50대로 접어든 지난 2002년 16대 대선 때, 일시적으로 지지율이 떨어진 노통을 교체하라며 탈당하는 민주당 의원들을 향해 이낙연은 이렇게 외치지 않았던가. "지름길을 모르거든 큰길로 가라!"

이낙연은 어진 마음으로 사람을 사랑하며, 늘 남을 존중하고, 되도록 자기를 내세우지 않는다. 지름길을 모르면 큰길로 가고, 큰길도 모르면 직진을 하고, 직진도 어려우면 걸음을 멈추고 생각하는 지혜로운 사람이다.

외유내강의 표상이자 솜털로 감싼 강철 같은 이낙연은 강인한 인내와 끈기로 대한민국의 미래를 부단히 준비했다. 카리스마가 없다는 둥, 목소리가 작다는 둥, 별의별 비난이 쏟아져도 이낙연은 자신에겐 엄격하고, 세상엔 겸손하고, 국가와 민족엔 충직하다.

'우보천리(牛步千里)'라 했던가. 마치 느릿느릿 걸어도 천 리를 간다는 소처럼 이낙연은 우직하게 뚜벅뚜벅 걸어 나간다. 그가 걸어가는 길은 DJ와 노통의 유지를 받드는 길이다. DJ와 노통이 못다 이룬 꿈을 실현하고 완수하는 길이다. 그런 책무를 안고 있는 터라 이낙연의 신독 행보는 앞으로도 변함이 없을 듯하다.

지난여름, 유별난 긴 장마가 찾아왔다. 전국 각지에서 큰 물난리가 났다. 그런 와중에 적잖은 소들이 기적 같이 살아남았다. 어떤 소는 수십 km를 떠내려갔는데도 멀쩡했다.

우생마사(牛生馬死). '홍수가 나 물에 빠지면 소는 살고, 말은 죽는다'는 뜻이다. 힘이 센 말은 자신의 힘을 믿고 물살을 거슬러 가다 힘이 빠져 죽는다. 반면, 소는 물살에 몸을 맡긴 채 유유히 떠내려가면서 조금씩 뭍으로 다가가서 목숨을 건진다.

대망을 품은 이낙연은 제 길을 묵묵히 간다. 마치 우직한 소처럼 말이다. 지지율에 연연하지 않고 뚜벅뚜벅 걷는 그의 신독(愼獨) 행보는 영락없는 우생마사의 걸음걸이다.

충무공의 법성포 유지,
"내 몸은 죽어도 나라를 살리리라!"

　줄지어 두름에 엮인 굴비마냥 법성포 산·들·바다에도 숱한 옛이야기가 엮여 있다. 법성포에 남아 있는 충무공 이순신 장군의 발자취도 그렇다.

　조선시대 법성포엔 조창(漕倉)이 있었다. 조창이란 고려·조선시대에 백성들에게 조세로 거둔 현물을 모아 보관하다 배에 실어 도읍지로 보내려고 물가에 설치한 국가의 창고다. 법성포에 이런 조창이 처음 설치된 때는 고려시대다. 하지만 수심이 얕고 조수간만의 차가 커서 문을 닫았다. 조선시대에 다시 문을 열었다. 중종 7년인 1512년이었다. 문을 닫은 영상포창 대신 법성창이 부활했다. 당시 법성창은 전라도 최대의 조창으로 28개 고을의 조세를 관장했다.

　조창을 지키려면 많은 군사가 필요했다. 이 때문에 법성포에 수

군만호가 배치되고 수군도 주둔했다. 숙종 34년인 1708년, 법성진으로 승격됐다. 법성포의 뒷산 인의산엔 법성진성(法聖鎭城)이 있다. 이 성은 조선 중종 9년인 1514년에 축조됐다. 돌로 쌓은 석성으로 전체 둘레는 약 460m였다.

임진왜란 6년째인 1597년 정유재란이 일어났다. 그해 (음력)9월 16일, 진도 울돌목에서는 역사를 바꾼 위대한 전쟁이 벌어졌다. 명량해전이다. 국가의 버림을 받았던 충무공이 다시 조선 수군의 총지휘관에 복귀한 직후에 치른 대첩이다.

당시 충무공은 죽음을 피할 수 없다고 여겼다. 살 수 있는 길은 오직 한 길, 전쟁을 피하는 길이라고 생각했다. 조선 땅엔 더 이상 살 곳도 물러설 곳도 없다고 판단했다. 살고자 하면 반드시 죽을 것이고, 죽고자 하면 반드시 살 것이라고 외치며, 수군의 두려움을 용기로 바꿨다. 명량해전 대승 후, 충무공은 '천행(天幸)'이라고 표현했다.

명량해전 직후, 충무공은 병든 몸으로 조선 수군을 이끌고 작전상 서해로 후퇴했다. 그러면서 수군 재건을 도모했다. 명량해전 사흘 뒤인 1597년 9월 19일(음력) 저녁, 충무공은 법성포에 들렀다. 예상대로 명량해전에서 대패한 왜군은 충무공과 조선 수군에 보복하려고 혈안이었다. 그날 충무공은 법성포에서 들은 얘기를 『난중일기』에 남겼다. 내용은 참담하다. 왜군이 충무공과 조선 수군을 찾으려고 바다와 육지를 샅샅이 뒤지며, 영광군의 마을과 창고에도 불을 지르고, 일반 백성들을 마치 짐승을 죽이듯 도륙한다는 정보였다.

다음 날, 충무공은 부안 위도를 거쳐 고군산군의 선유도로 들어갔다. 선유도에서 12일 동안 머물며 병든 몸을 추스르고 수군의 전열을 정비했다.

10월 3일(음력), 충무공은 법성포에 다시 들렀다. 해가 저물 무렵 법성포 선창에 도착해 전함에서 이틀 밤을 보냈다. 날씨가 궂을 것으로 예상돼 전함에서 내려 법성진성 아래 선소 옆 가옥으로 거처를 옮겼다. 충무공이 묵은 숙소는 '하촌가(下村家)'라는 민가였다. 다음 날, 예상대로 비와 눈이 세차게 몰아쳤다. 그 다음 날엔 비가 오락가락 내렸다. 다행히 호남 지방의 바다엔 왜군 전함이 없었다. 법성포에서 5박 6일을 보낸 충무공은 10월 8일(음력), 맑은 날씨에 살랑거리는 바람을 타고 법성포를 떠났다.

충무공은 법성포를 떠난 지 약 13개월 후인 1598년 11월 19일(음력), 노량해전에서 전사했다. 적의 유탄을 맞고 쓰러진 뒤, "싸움이 급하니 내가 죽었다는 말을 하지 마라!"라는 유언을 남겼다.

이낙연의 길 …

코로나19국난극복위원회
이낙연 위원장,
"국민과 함께 코로나 전쟁 승리로 이끌겠습니다"

지난 7월 7일, 이낙연은 더불어민주당 당 대표 출마를 선언했다. 출마 선언문의 일부다.

저는 민주당과 저에게 주어진 국난 극복의 역사적 책임을 이행하는 데 모든 역량을 쏟아 최선을 다해야 한다는 결론에 이르렀습니다. "국가가 위기에 처했을 때, 너는 어디서 무엇을 했느냐?"는 훗날의 질문에 제가 대답할 수 있어야 한다고 판단했습니다.

지난달까지 저는 민주당 코로나19국난극복위원장으로서 위기 대처의 책임을 분담해 왔습니다. 4개월에 걸친 활동을 통해 저희 위원회는 한국판 뉴딜을 보완했고, 장단기 입법 과제를 정리했으며, 포스트 코로나를 준비했습니다.

또한 저는 문재인 정부 첫 총리로서 대통령님을 보필하며, 국정의 많

은 부분을 관리했습니다. 지진 산불 태풍에 안정적으로 대처했고, 메르스 조류인플루엔자 아프리카돼지열병을 성공적으로 퇴치했습니다.

민주화 이후 최장수 총리와 전례 없는 국난극복위원장의 경험을 살려 저는 당면한 위기의 극복에 최선으로 대처하겠습니다. 국난극복의 길에 때로는 가시밭길도, 자갈길도 나올 것입니다. 저는 어떤 어려움도 마다하지 않겠습니다.

지난 9월 7일, 이낙연은 민주당 대표 취임 후 처음으로 국회 교섭단체 대표 연설에 나섰다. 코로나19 국난과 관련된 내용을 일부 발췌해 보았다.

전쟁은 생명만 앗아가는 것이 아닙니다. 사람들의 일상도 송두리째 앗아갑니다. 코로나19와의 전쟁도 그렇습니다. (…) 한국의 대처는 힘들었지만 훌륭했습니다. 세계는 한국을 '모범 국가'라 불렀습니다. 우리의 진단 키트를 수입한 나라가 100개국을 넘었습니다. 세계 주요 국가들이 우리의 '드라이브 스루'를 본받았습니다.

한국은 방역을 잘하면서도, 경제 위축을 선방했습니다. 8월 초 OCED는 한국의 경제성장률을 −0.8%로 예측했습니다. OECD 37개국 가운데 가장 좋은 전망이었습니다.

그런 성적은 국민의 적극적 협력 덕분이었습니다. 우리 국민은 마스

크 착용도, 거리 두기도 함께해 주셨습니다. '모범 국가'는 국민의 참여를 통한 성취였습니다. 자랑스러운 국민입니다. 국민 여러분께 감사드립니다. (…) 우리는 어떤 국난도 극복하며 꿋꿋하게 살아왔습니다. 우리는 식민의 착취도, 전쟁의 폐허도 이겨냈습니다. 우리는 코로나 전쟁에서도 이길 것입니다. 국민 여러분과 함께 이 전쟁을 승리로 이끌겠습니다. 국민 여러분께서 변함없이 함께해 주시기를 바랍니다.

이낙연은 이날 연설에서 "세상이 그렇듯이, 재난도 약자를 먼저 공격합니다. 재난의 고통을 약자에게 더 가혹합니다. 바이러스는 사람을 가리지 않습니다. 그러나 고통은 평등하지 않습니다"라고 말했다. 그러면서 "고통을 더 크게 겪으시는 국민을 먼저 도와 드려야 합니다. 그것이 연대이고, 공정을 실현하는 길입니다. 동시에 어느 국민도 부당한 불이익을 당하지 않도록 해야 합니다. 사각지대가 없어야 합니다"라고 덧붙였다.

2020년 대한민국의 최대 당면 과제는 코로나19라는 세계적인 재난을 하루빨리 극복해 국민의 삶을 지키고, 국가의 경제를 되살리는 일이다. 지난 1월 20일 코로나19의 국내 유입 직후, 이낙연은 민주당 코로나19국난극복위원회 위원장을 맡았다.

3월 9일에 열린 제1차 코로나19국난극복위원회 모두 발언을 통해 이낙연은 "여야가 정쟁을 멈추고 지혜를 모아 이 엄중한 국난의 극복에 협력해 주시기를 간청 드린다"라고 정치권에 호소했다. 그러면서 "우리는 6·25 전쟁과 보릿고개를 견디었고, IMF 외환위기와 글로벌 금융위기도 이겨냈다. 외환위기에 손자 돌반지를 모으셨던 것처럼, 국난에 처할 때마다 국민 여러분께서는 마음을 모아 주셨다"라고 국가의 위기 상황에서 우리 국민이 보여 준 역할에 고마움을 표시했다.

코로나19국난극복위원회에서 위원장 이낙연은 위원들에게 이런 마음의 자세도 주문했다.

"점심식사를 마련하는 동시에 저녁을 걱정하는 어머니의 마음으로 속도감 있게 임해 주십시오!"

국난극복의 길에서 가시밭길도, 자갈길도 마다하지 않고 걸어가겠다고 밝힌 이낙연. 충무공 이순신을 깊이 연구했고, 전남도지사 시절 충무공 유적 복원 작업도 역동적으로 추진했다. 그뿐 아니다. 정찬주 작가가 소설 『이순신의 7년』을 썼는데, 이 소설의 집필을 도왔다. 1591년 충무공이 전라좌수사로 부임해 1598년 노량해전에서 최후를 맞이할 때까지의 7년을 다룬 이 소설은 이낙연의 전남도지사 재임 시절, 전남도청 홈페이지에 연재됐다.

2013년 9월 28일, 이낙연은 '2013명량대첩축제'에 참가했다. 자신의 저서 『전남, 땀으로 적시다』에 이렇게 적어 두었다.

"죽겠다는 결의로 하면 살고, 살려 하면 죽는다(필사즉생 필생즉사, 必死則生, 必生則死)", "만약 호남이 없다면 국가도 없을 것이다(약무호남 시무국가, 若無湖南 是無國家)" 같은 충무공의 말씀, 그리고 충무공의 삶과 죽음을 생각하는 소중한 시간이었습니다.

불멸의 이순신. 성웅 이순신은 임진왜란이라는 국난을 승리로 이끌었다. 해전의 경험이 거의 없었던 충무공이 조선 수군을 지휘해 풍전등화의 조국을 구한 구국의 리더십은 어디서 나왔을까.

충무공은 수군엔 관심도 적고, 수군을 지원하지도 않는 임금을 원망하지 않았다. 대신과 장군들의 시기와 모함이 빗발쳐도 탓하지 않았다. 군량미가 부족하고, 전세가 불리해도 좌절하거나 포기하지 않았다. 충무공은 불안한 요소들을 미리 제거했다. 부하들을 강하게 훈련시켰다. 그리고 백성들의 도움을 구했다. 승산이 없는 싸움엔 나가지 않았고 다음 번 싸움을 착실히 준비했다. 절체절명의 싸움엔 목숨을 걸고 출전했다.

충무공 이순신을 깊이 연구한 바 있는 이낙연. 여당의 코로나19 국난극복위원장을 맡아 대한민국의 코로나 전쟁을 진두지휘하고 있다.

지난 10월 6일, 마이크로소프트 창업자인 빌 게이츠는 코로나19 대처 과정에서 보건과 경제 사이의 균형을 가장 잘 잡은 나라로 한국과 호주를 꼽았다. 게이츠는 "2021년 말쯤 정상적인 일상에 아주 가깝게 돌아갈 것"이라고 예측했다.

안타깝게도 코로나 전쟁은 쉽게 끝나지 않을 듯하다. 이낙연은 지난 9월 초, 국회 교섭단체 대표 연설에서 "국민 여러분과 함께 이 전쟁을 승리로 이끌겠습니다"라고 공언했다.

이낙연은 학문적 접근과 현장 경험 등을 통해 충무공의 호국정신과 구국의 리더십을 잘 알고 있을 것이다. 불안 요소를 미리 제거하고, 부하들을 강하게 훈련시키고, 백성들의 도움을 받아 국난을 극복했다는 점도 어찌 모르겠는가.

코로나19국난극복위원장 이낙연에게 천길 벼랑 끝이나 백 척의 장대 끝에 올라선 심정으로, 그 끝을 알 수 없는 코로나 전쟁을 반드시 승리로 이끌라고 주문한다면, 국민의 한 사람으로서 분수에 지나친 짓일거나.

피눈물로
한 줄 한 줄
간양록을 적으니

MBC-TV 드라마 〈간양록(看羊錄)〉. 1980년 방영됐다. 주인공은 조선 중기의 인물인 강항(姜沆)이다. 정유재란 때 왜구의 포로가 돼 일본으로 끌려갔다. 일본에 성리학을 전해 제2의 왕인 박사로 추앙받는다. 일본에서 겪은 일, 그리고 고국과 고향에 대한 그리움 등을 그린 사극이 TV드라마 〈간양록〉이다.

극본은 신봉승 작가가 썼다. 이 드라마의 주제곡인 〈간양록〉의 노랫말도 직접 지었다. 가수 조용필 씨가 곡을 얹어 주제곡을 직접 불렀다.

'간양(看羊)'은 '양을 돌본다'는 뜻이다. '양치는 일'을 일컫는다.

1597년 9월 23일(음력), 강항은 영광군 논잠포 바다에서 왜구에 생포됐다. 논잠포는 지금의 영광군 염산면 상계리다. 왜국에 끌려가 2년 8개월 동안 포로 생활을 하면서 적은 기록물 등을 엮은 책이『간양록』이다.

강항의 호는 수은(睡隱)이다. 출생지는 불갑면 유봉리다. 벼슬이 그리 높지 않은 하급 관리였다. 영광군수와 격문을 띄워 의병을 모으기도 했다. 왜구에 생포되기 직전, 강항은 가솔과 함께 바다로 투신했다. 사로잡히느니 차라리 죽는 게 낫다는 판단에서였다.

어린 자식과 조카가 바다에 버려져 죽는 광경을 지켜보면서 강항은 예리한 칼끝으로 살갖을 도려내고 심장을 찌르는 것 같은 고통을 느꼈다. 그 고통을 견디지 못해 목숨을 끊고 왜놈의 손아귀에서 벗어나려고 몸부림쳤다. 몇 번이나 탈출도 시도했다. 번번이 무위로 끝났다. 강항은 1600년 5월 19일, 가족 등 38명과 함께 귀국했다. 영광으로 귀향해 독서와 후학 양성에 전념했다. 자신을 죄인이라 여기고 벼슬길에 나가지 않았다. 그러다 1618년 52세의 나이로 이승을 떠났다. 강항을 모신 내산서원은 불갑면 쌍운리에 있다.

『간양록』엔 일본에서 조선 조정으로 몰래 보낸 글, 일본에서 겪은 참상, 당시의 일본의 지도, 귀국 후 조정에 올린 글 등이 수록돼 있다. 일본에서 포로 생활을 하면서 보고 들은 실정도 적어 두었지만 언제 다시 또 일어날지 모를 왜란에 대비한 정책 제안도 적시했다.

1980년대에 대학을 다닌 영광 출신의 청춘들은 조용필의 노래 〈간양록〉을 부르며 "민주주의의 수호!"를 외쳤다. 〈간양록〉의 노랫

말엔 '선영 뒷산에 잡초는 누가 뜯으리'라는 대목이 있다. 5·18 광주민주화운동 직후 영광의 학도들은 '선영 뒷산의 잡초'를, 이 땅의 민주주의를 수호해 화려한 꽃을 피우고, 민족의 함성을 한데 모아 남북 평화통일을 열기 위해서는 기어이 넘어야 할 높은 산이자 반드시 해결해야 될 당면 과제로 여겼다.

강항을 주인공으로 삼은 TV드라마 〈간양록〉이 첫 방송을 시작하기 몇 달 전, 광주에서는 5·18 광주민주화운동이 일어났다. 이 운동을 이끈 전남대 총학생회장은 박관현 열사다. 열사의 고향은 강항을 모신 내산서원의 소재지인 불갑면 쌍운리다.

참으로 공교로운 일이 아닐 수 없다. 1980년 5월, 광주민주화운동의 선봉에 선 박관현 열사의 출생지가 강항의 유지가 깃든 불갑면 쌍운리라니. 안타깝게도 열사는 1982년 도피 중 체포돼, 50일간의 옥중 단식 투쟁 끝에 작고했다.

법성면 출신인 이낙연. 그는 영광군의 역사 인물인 강항 선생과 박관현 열사의 애국혼을 어떻게 새겨 두었을까.

이낙연의 길 …

지일파 이낙연의 도쿄 특파원 기자수첩, 한 줄 한 줄 애국심으로 적은 '新간양록'

'둔필승총(鈍筆勝聰)'. '무딘 붓이 총명한 머리보다 낫다'는 뜻이다. 이런 말도 있다. '기억 잘하는 천재보다 기록 잘하는 둔재가 더 낫다'. 그런가 하면 '천재의 기억보다 둔재의 기록이 낫다'는 말도 있다.

다산 정약용은 천재였을까. 레오나르도 다빈치도 천재였을까. 천재로 여겨지는 정약용과 다빈치에겐 공통점이 있다. 두 사람 모두 메모광이었다.

'다재다능의 천재' 다빈치. 그는 스물세 살부터 죽기 전까지 40여 년 동안 메모를 남겼다. '다빈치 노트'다. 약 1만 쪽 분량이다.

한양대 정민 교수는 다산을 '조선 최고의 메모광'이라고 말한다. 다산은 틈만 나면 적었고, 떠오르는 대로 기록했단다. 그 기록물은 500여 권의 저술을 남기는 데 밑거름이 됐다.

다빈치나 다산처럼 이낙연도 메모광이다. 2014년에 출간된 『전남, 땀으로 적시다』에 실린 그의 수첩 얘기다.

또 한 권의 수첩을 다 썼습니다. 두 달에 한 권 꼴로 수첩을 사용합니다. 제가 바지 뒷주머니에 수첩을 꽂고 다니며 메모하는 것은 스물아홉 살부터. 벌써 36년째입니다. 그중 30년 가까이 오른쪽 뒷주머니에 넣었습니다.

언제부턴가 허리가 아프더군요. X레이를 찍어 보니 오른편 골반 뼈가 위로 올라가 있는 겁니다. 수첩의 영향이었습니다. 그 후로는 왼쪽 뒷주머니에 수첩을 넣어 골반 뼈를 조정하고 있습니다. 왼쪽이건, 오른쪽이건, 어쩌다 아침에 수첩을 잊고 방을 나서면 금방 알아차립니다. 엉덩이 균형이 무너지기 때문이죠.

저는 감히 말합니다. "메모한다. 고로 나는 존재한다."

이낙연은 스물아홉 살부터 40여 년 동안 바지 뒷주머니에 수첩을 꽂고 다니며 메모하고 있다. 그의 메모는 단순한 기록이 아니다. 기록과 동시에 편집이 되고, 실행을 위한 설계도가 그려진다. 이낙연의 디테일은 바로 이 수첩의 데이터에서 나온다. 현실과 이상의 균형추도 수첩의 기록과 설계도에서 나온다.

이낙연은 1989년 12월부터 약 3년간 동아일보 도쿄 특파원으로

근무했다. 덕분에 유창한 일본어 실력과 폭넓은 인맥을 다졌다. 국회의원 시절엔 한일의원연맹 수석부회장을 맡기도 했다. 이런 경력 때문에 이낙연은 지일파로 불린다. 우리나라의 현역 정치인 중 이낙연처럼 일본을 잘 아는 이를 찾아보기 힘들다.

지일파 이낙연은 동아일보 도쿄 특파원으로 3년 2개월 근무했다. 그때 이낙연이 쓴 수첩은 몇 권이나 될까.

『간양록』의 저자 강항은 일본도(日本刀)와 조총을 손에 든 사무라이가 판을 치던 왜국에서 조선 선비의 꿋꿋한 절개와 조국에 대한 충절을 유감없이 보여 주었다. 선생의 『간양록』은 문학이 가미된 단순한 일기가 아니다. 왜구의 극악무도한 전쟁 범죄를 꼼꼼하게 고발할 뿐 아니라 왜구의 침입을 막을 수 있는 방안도 찾아서 제시했다.

학승 순수좌(舜首座), 즉 후지하라 세이카의 도움으로 풀려난 강항이 귀국하자 선조는 한양으로 불러 '사주(賜酒)'를 내렸다. 사주는 임금이 공을 세운 신하에게 그 공로를 위로하기 위해 내리던 술이다.

왜구에 사로잡혀 생명을 부지해 차마 얼굴을 들 수 없을 정도로 수치스러운 일이었지만 강항은 피눈물로 한 줄 한 줄 『간양록』을 적어 조선 조정에 은밀하게 보냈다. 포로의 신분으로 왜국의 고급 정보를 얻기 위해 얼마나 피나는 노력을 했을까.

강항처럼 이낙연도 영광군 출신이다. 도쿄 특파원으로 근무하며 한 줄 한 줄 애국심으로 쓴 기자수첩은 '新간양록'이 아닐거나.

법성포의 술 '토주',
활화산처럼 터져 오르는 열정으로 살라 하네

    1957년 법성포에서 태어난 시인이 있다. 박남준 시인이다. 박 시인의 시 〈법성포 1〉은 1980년대 법성포의 서경이다.
    살구나무에 꽃이 피고 철쭉꽃이 봄바람에 흩날릴 제, 칠산바다에 조기 떼가 몰려와 우렁차게 울음을 울고, 시끄럽게 사랑의 노래를 불렀던 시절을 잘 알고 있을 박남준 시인. 박 시인의 〈법성포 1〉 3연이다.

    빼갈보다 더 독하고 양주보다 더 좋은 놈
    맥주 먹고 정종 먹던 입 한잔이면 나뒹굴을
    토종이지 법성토종 말술로 털어넣고
    밤을 새워 두름 엮어 걸대에 걸었네
    그때 아재들 가슴 참 든든해 보였는데

어린 날, 박남준 시인의 눈엔 법성포의 어부들은 참으로 든든해 보였나 보다. 중국의 백주인 빼갈보다 더 독하고, 위스키 등 양주보다 더 좋은 술이라는 토종을 말술로 마시고도 멀쩡하게 바다의 뱃일과 뭍의 굴비 염장·건조 작업을 척척 해내던 법성포의 아저씨들은 참으로 강인해 보였던 모양이다.

위 시에서 시어로 쓰인 '토종'은 '토종주'다. '토종주'에서 '술 주(酒)'를 뺀 명칭인데, '토종'은 또 '토주'라고도 불린다. 맥주와 정종을 마시던 입들은 한 잔만 마셔도 뒤로 벌러덩 나뒹굴 만큼 독한 술이 토주다. 거친 바다에서 조기를 잡고, 갯비린내 흠씬 풍기는 포구에서 굴비를 말리던 뱃사람들이 즐겨 마시던 법성포의 전통주다. 뱃사람들의 지친 몸에 기력을 넣어 주고 인생의 고단함을 녹이던 술이다.

토주는 증류주인 소주다. 맑고 투명한 백주다. 알코올 도수는 매우 높다. "소줏고리에서 톰방톰방 내려지는 첫술의 도수는 무려 100도에 이른다"라고 말하는 양조장 주인도 있다.

유통되는 토주의 알코올 도수는 대체로 50~60도. 50도 이하도 있지만 60도 이상도 있다. 60도짜리 토주를 마시자면 목구멍으로 뜨거운 불이 확 지나간 듯하고, 70도짜리 토주는 혀끝에 닿기도 전에 사라진단다.

불같이 뜨거워 '화주(火酒)'라는 별명도 갖고 있는 토주는 뱃사람들에겐 제격이다. 때론 살을 에는 엄동설한의 삭풍과 얼음장같이 차가운 바닷물을 견디려면 불같이 뜨거운 독주가 필요했다. 동장군이 몰고 온 찬바람 속에서 산더미만 한 파도를 헤치고 바다로 나가 천 근도 넘고 만 근도 넘을 듯한 무거운 그물을 끌어올리는 고기잡이에 독한 술이 없다면 어찌들 건디랴.

두름에 엮인 굴비의 얼굴과 등에도 법성포 어부들의 고단하기 짝이 없는 삶이 잔뜩 묻어 있다. 포구에 닻을 내린 뒤, 배에서 부두로 조기를 내리는 일도 고단한 작업이고, 무거운 소금 가마니를 몇 가마니씩 짊어지고 헛간이나 창고에 쟁이는 작업도 때론 힘이 부치는 일이다.

특히 법성포 뱃사람들에겐 술이 필요했다. 그것도 독한 술이 말이다. 언제 목을 타고 넘어갔는지 모르겠는데 확 취기가 오르고 금세 몸이 화끈거리는 그런 화주가 적격이었다. 그래서 토주는 불같이 뜨거운 가슴을 가진 법성포 남자들의 술이 되었다.

칠산바다로 조기잡이를 나서는 고깃배엔 주로 토주가 실렸다. 탁주는 큰 술 단지가 필요하다. 하지만 도수가 높은 토주의 술 단지는 적어도 된다. 또한 발효주인 탁주는 쉬 맛이 시금해진다. 금세 쉬는 탁주를 고깃배에 싣고 먼 뱃길을 나설 수는 없는 일이다. 그래서 법성포 뱃사람들은 한 모금만 마셔도 골수까지 쩌릿쩌릿한 토주를 싣고 출어했다.

토주는 진도 홍주와 더불어 전라도를 대표하던 전통주였다. 단순한 전통주가 아니라 법성포 사람들의 삶과 철학이 담긴 명주다. 활화산처럼 터져 오르는 열정으로 살아온 법성포 사람들을 쏙 빼닮은 술이다.

주변의 한 법성포인은 "얼큰한 조기매운탕 안주 삼아 불같이 뜨거운 토주를 입안에 털은 뒤, 자지러지는 육자배기 한 곡조 입으로 흥얼거리거나 귀에 담노라면 이 풍진세상의 온갖 시름은 오간 데 없어진다"라고 말한다. 그러면서 "토주 때문인지 법성포 사람들은 성격이 화끈하나 뒤끝이 없고, 인상이 강하고 묵직하나 속이 부드럽고 너그러워 여운이 오래 남는 편"이라고 귀띔한다.

이낙연의 길 …

사이다 총리,
사이다 발언 삼가는 뜻은?

'마신다, 잔다, 읽는다'. 특별한 취미가 없는 이낙연의 스트레스 해소법이다. 짬을 내서 하는 운동은 없지만 이낙연의 체력은 강하다. 타고난 강골로 알려져 있다. 체력이 허락한다면 저수지 몇 개의 양 만큼은 술을 마시겠다고 농담을 할 정도로 술 욕심이 많은 이낙연. 그가 즐겨 마시는 술은 막걸리다.

이낙연이 막걸리를 좋아하는 이유, 이제이 작가의 『어록으로 본 이낙연』에 실려 있다. 이 작가는 총리 재직 당시 연설비서관이었고, 지금은 이낙연 의원실에서 보좌관으로 일하고 있다.

첫째, 막걸리는 배가 불러 안주를 많이 먹을 수가 없다. 그러니 건강에 좋다.

둘째, 어지간해서 막걸리로 원 샷을 외치는 사람은 없다. 그러니 천

천히 나눠 마시며 마주 앉은 사람과 도란도란 담소할 수 있어 정을 쌓기 좋다.

셋째, 주머니 사정이 좋다. 막걸리 값이 싼 까닭도 있지만, 그보다 더 큰 이유는 배가 불러 웬만해서는 2차를 갈 수 없기 때문이다.

넷째는 2차를 안 가니 술 마시고도 집에 일찍 들어간다. 심야 귀가를 하지 않으니 가족 관계 등 삶에 문제가 없고 다음 날에도 지장이 없다.

문재인 정권 들어서 총리공관에서는 거의 하루도 빠짐없이 오·만찬이 열렸다. 그 오·만찬장의 건배주는 막걸리였다. 이낙연은 막걸리가 담긴 노란 양재기를 들고 건배를 제안했다.

"주경야독!"

'주경야독(晝耕夜讀)'은 '낮에는 농사짓고, 밤에는 글을 읽는다'는 뜻이다. 그런데 건배사의 의미는 달랐다. '낮에는 가벼운 술로, 밤에는 독한 술로!'라는 뜻이다.

총리 재임 기간 이낙연이 오·만찬 등에 소비한 막걸리는 총 6,791병, 종류는 99종이다. 전국에서 공수된 팔도 막걸리 약 7,000병을 마신 셈이다.

이낙연은 전남도지사 시절, 매달 '섞어 번개팅'을 열었다. 부서와 직급을 섞어 막걸리를 마시는 번개팅이었다. 그런 파격적인 막걸리 번개 모임을 마련한 취지는 도란도란 담소를 나누며 정을 쌓고

소통하는 데 있었다. 농도인 전남의 쌀 소비를 촉진하려는 목적도 곁들여졌다.

이낙연의 막걸리 소통은 때론 국경을 넘었다. 2019년 10월 아키히토 천황 즉위식에 참석할 때는 아베 신조 일본 총리 측에 경기도 포천 막걸리를 선물했다. 몽골을 방문할 때도 만찬용 술로 막걸리를 공수했다.

막걸리는 농민의 술이고, 서민의 술이고, 민족의 술이다. 농부의 아들로 태어나 농민의 술인 막걸리를 즐겨 마시는 이낙연의 심성과 스타일도 농부의 그것을 닮았다.

2017년 9월 11일, 여의도 국회에 사이다 총리가 등장했다. 문재인 정부 첫 국회 대정부 질문에 국회의원들이 어찌 응수해야 될지 몰라 쩔쩔매는 선수의 등판이었다. 총리 이낙연은 야당 국회의원의 날 선 공격에 정면으로 응수했다. 상대가 아무리 감정을 건드려도 동요하지 않았다. 태도는 점잖고 겸손했지만 답변은 상대의 허를 찌를 정도로 날카롭고도 당당했다.

다음 날, 직장인들은 총리 이낙연의 사이다 발언을 대화의 주제로 삼았다. 이낙연은 예의를 지키며, 상대를 공격하지 않고 방어했다. 그런데 결과론적으로는 상대를 공격한 모양새가 된 것이다. 이낙연의 화법이 직장인들에게 '톡톡' 쏘는 사이다 같은 느낌을 줬던가 보다.

이낙연은 오랫동안 자신만의 정치 언어를 그리고 다듬었다. 그의 정치 언어엔 몇 가지 특징이 있다. 이제이 작가의 『어록으로 본 이낙연』은 이렇게 소개한다.

첫째, 이낙연의 정치 언어는 구어체다. 그는 들어서 이해가 되도록 쉬운 입말을 쓴다. 한 TV 방송 토론 프로그램에 출연했을 때 이 총리는 '영업 비밀' 하나를 알려 주겠다고 하면서, 대정부 질문을 보고 있는 국민을 심판관으로 생각하며 어떻게 말하는 게 알아듣기 쉬울까를 깊이 고민한다고 했다. '먹물 언어'는 듣는 쪽에서 한 단계 걸러야 알아듣지만, 입말은 그대로 귀에 들어온다. 그러면서도 격조를 유지할 수 있는 것은 간단치 않다.

둘째, 그래서 이낙연의 정치 언어는 품격 언어다. 내용도 탄탄하고 말하는 태도는 품위가 있다. 게다가 목소리는 듣기에 좋은 중저음이다. 어릴 때 '생영감'이라 불릴 정도도 목소리가 낮았는데, 라디오를 들으며 아나운서가 뉴스를 전달할 때의 어조를 흉내 냈다고 한다. 이렇게 단련된 총리의 내공 있는 언어는 문재인 정부에게 안정감을 심어 주었다.

2017년 9월, 문재인 정부 첫 국회 대정부 질문에서 '사이다 총리'라는 별칭을 얻은 이낙연. 그는 거칠기 그지없는 저열한 언어가 오고 가는 정치판에서 가급적 사이다 발언을 삼간다. 이유가 무엇일까.

사람에겐 '근기(根氣)'가 있다. '근본이 되는 힘' 또는 '참을성 있게 견뎌내는 힘'이다. 이낙연의 근기는 분명 여타 잠룡들과 달라 보인다. 또한 이낙연이 열정을 쏟는 분야나 대상은 여타 잠룡들과의 그것과 판이하게 다른 듯하다. 기자 시절엔 박정희와 전두환의 군부 독재를 깊이 들여다봤고, 정치권에 입문한 뒤로는 DJ 정권과 문재인 정권의 국정 철학을 함께 공유했다. 이런 사람이 열정을 쏟으려는 분야와 대상이 어찌 다른 잠룡들의 그것과 같으랴.

꼿꼿한 근기와 겸허하고 강인한 심지를 품은 이낙연은 낄 데 안 낄 데 가리지 않고 끼어드는 정치인이 아니다. 공정과 정의를 함부로 논하지 않는다. 인기에 영합하고 지지율을 높이려고 꼼수 발언도 하지 않는다.

막걸리 애호가요, 예찬가를 자부하는 정치 지도자가 어찌 막걸리를 마신 뒤 사이다 발언을 즐길까. 애민·애국·애족에 활화산 같은 열정을 쏟아부어 국태민안을 도모하고, 일류 국가를 건설해 인류의 평화와 공영에 한 몸을 바치려 대선의 길에 나선 사람이 어찌 꼼수를 부리는 사이다 발언에 집착하겠는가.

총리 이낙연은 공관 오·만찬장에서 "주경야독!"이라고 건배사를 외쳤다. '낮엔 약한 술을 마시고, 밤엔 독한 술을 마시자'고 재치 있게 고사성어를 각색했단다.

법성포 사람들은 법성포의 전통주인 토주를 중국의 백주인 빼갈보다 더 독하고, 위스키 등 양주보다도 더 좋은 술로 여긴다. 토주 때문인지 "법성포 사람들의 성격은 화끈하나 뒤끝이 없고, 인상이 강하고 묵직하나 속이 부드럽고 너그러워 여운 오래 남는 편"이라 한다.

법성면 출신인 이낙연, 어찌 '화주(火酒)'로 불리는 독주인 법성포 토주를 마셔 본 적이 없을까. 막걸리 도지사 이낙연은, 사이다 총리 이낙연은, 활화산처럼 터져 오르는 열정으로 '토주 발언'을 계속 내뱉고 있다. 정중하게 낮은 목소리로, 감정의 동요가 없는 투박하고 절제된 정치 언어로 내뱉기에 사람들의 귀에 제대로 들리지 않을 뿐이다.

2020년 정부 시무식 때, 총리 이낙연은 비장한 말을 남겼다. "유언 같은 잔소리 좀 하겠다"며 정책 완결을 위한 세 가지 조건으로 '정합성', '수용성', '실행력'에 방점을 찍었다.

지난 1월 3일, 〈CBS 김현정의 뉴스쇼〉에서 진행자가 이렇게 물었다.

"원래 잔소리가 있는 스타일이십니까?"

"사실은 큰 소리죠. 평소에도 우리 공직자들이 귀가 따갑도록 들었던 얘긴데, 또 말하면 싫어할까 봐 유언이라는 비장한 수식어를 썼습니다."

이낙연은 이 땅의 사람들에게 '사이다 발언'도 아니고, '막걸리 발언'도 아닌 '토주 발언'을 쏟아내고 있다. 그런데도 사이다 발언에 길들여진 사람의 귀엔 이낙연의 목소리가 들리지 않는가 보다. 그의 낮은 목소리는 사실 우레와 같이 큰 '토주 발언'인데 말이다.

동심의 길

법성면 용덕리 발막마을,
빛과 소금의 동네

영광군은 '신령스러운 빛'의 고장이다. 고을의 지명인 '영광(靈光)'은 '신령스러운 빛'이라는 뜻이다.

신령스러운 빛의 고장이요, 성스러운 불법의 땅인 법성면엔 소금의 땅도 있다. 용덕리 발막마을이다. 발막마을을 일컬어 '빛과 소금의 동네'라 칭한다면 가당찮은 생떼일까.

서해안과 남해안의 여러 해안가가 그렇듯 조선시대 법성면의 땅 생김새도 오늘날과 크게 달랐다. 삼면이 바다였다. 대한제국 말기 이후, 간척 사업이 시작되면서 바닷물이 드나들던 물가를 둑으로 막고, 드러난 갯벌에 흙을 쌓으면서 바다가 육지로 변했다.

법성면 용덕리(用德里)엔 발막마을 외에도 여러 자연마을이 있다. 용현마을, 구암마을, 덕산마을, 발산마을 등이다. 1914년, 일제가 전국의 행정구역을 통폐합할 때, 용덕리의 지명이 탄생했다. 용

용덕로3길
Yongdeok-ro 3-gil(Rd)
56-25

용덕리 발막마을   빛과 소금의 동네

POST

현마을과 덕산마을의 앞 글자를 따서 용덕리로 정했다.

발막마을은 전북과 전남의 경계에 있다. 전북 고창군 공음면과 이웃한다. 발막마을도 예전엔 바닷물이 드나들었다. 홍농읍 샛목 을진포(乙津浦)로 들어온 칠산바다 바닷물이 발막마을에 닿았으나 을진포에 제방을 쌓은 뒤로 일대는 육지가 되었다. 1920년대 일이다.

발막마을의 본디 지명은 '벌막마을'이란다. 칠산바다의 바닷물이 하루에 두 차례씩 마을 앞까지 밀려들던 시절, 발막마을엔 벌막이 즐비했다고 한다. 벌막은 바닷물을 고아 소금을 만들어 내는 움막인 '염막(鹽幕)'을 일컫는다. 일제의 행정구역 통폐합 때, 염막이 줄지어 늘어섰던 벌막마을의 지명을 한자로 옮기면서 '발막(渤幕)'으로 잘못 표기했단다. 이 때문에 오늘날에도 마을의 이름을 '발막'이라 부른다는 것.

염전과 소금창고는 1907년 이전엔 이 땅에 존재하지 않았다. 굴비를 말리듯 햇볕과 바람으로 바닷물을 말려 얻는 천일염의 제조 방식은 1907년 처음 도입됐다. 그래서 천일염을 우리 민족의 전통 소금이라 인정하지 않는다.

수천 년 동안 우리네 선조들이 먹었던 전통 소금은 자염(煮鹽)이다. 자염의 별칭은 여럿이다. 육염이라 부르는 지역도 있고, 화염이라 부르는 지역도 있다. 어느 지역에서는 전오염이라 부른다. 자염은 갯가의 염전에서 햇볕과 바람으로 건조한 소금이 아니다. 염막이라고도 불리는 벌막에서 염도를 높인 바닷물을 솥에다 끓여 고아 낸 소금이다.

자염은 천일염보다 질이 좋은 소금으로 쳤다. 자염이 들어간 음식은 덜 짜고 감칠맛이 살아 있다. 분명 일제 강점기 초기까지 법성포 굴비는 이런 자염으로 염장을 해서 말렸을 텐데, 그 맛이 얼마나 일품이었겠는가.

그 옛날 소금 값은 금값이었다. 조수간만의 차가 가장 낮은 조금 때에 맞춰 며칠간 자염을 고아 내면 논 몇 마지기는 거뜬히 살 수 있는 목돈이 손에 쥐어졌다. 그래서 갯마을 바깥 사람들도 염전에 몰렸다. 돈벌이가 어지간한 일의 몇 곱절이었기 때문이다.

발막마을은 예로부터 그 유명세가 남달랐다. 문헌상으로도 그렇고, 마을의 이름에 벌막을 담은 것도 그렇다. 실제로 발막마을은 인근 지역 벌막에서 생산된 자염을 모아 법성포 등에 공급하는 집산지였다. 법성면 주변 홍농읍 등지의 벌막에서 생산된 자염도 발막마을에 모아졌다.

그렇지만 1925년, 목넹기를 막아 간척을 하면서 발막마을엔 바닷물이 끊겼다. 갯벌도 사라져 갯마을이 농촌마을로 변했다. 마을의 벌막은 자염을 굽는 염막이 아닌 소금창고로 기능이 바뀌었다.

너희는 세상의 소금이니 소금이 만일 그 맛을 잃으면 무엇으로 짜게 하리요, 후에는 아무 쓸데없어 다만 밖에 버려져 사람에게 밟힐 뿐이니라.

『마태복음』 5장 13절이다. 세상을 깨끗하게 하라는 뜻이다. 『마태복음』 5장 13절에 이어지는 14절엔 '너희는 세상의 빛'이라는 말이 있다. 세상을 환하게 밝히라는 가르침이다.

이낙연의 길 …

이낙연 기자의 심장에 뿌려진
'빛과 소금의 정신'

이낙연의 꿈은 변호사였다. 그래서 대학도 법과를 선택했다. 그런데 법학은 답답했다. 그런데다 시골의 아버지가 하숙비를 보내지 못했다. 선배나 친구의 하숙집과 자취방을 전전하다 보니 지쳐갔다. 영양실조에 빠졌다. 177cm의 키에 몸무게가 50kg를 밑돌기도 했다.

이낙연의 광주일고 동창, 조안석 씨는 이렇게 회고한다.

고등학교 시절, 낙연은 키가 작았습니다. 물론 고등학교 1학년 때와 2년 때도 작았는데, 3학년 때는 20번 대였던 것 같습니다.

그런데 대학 1학년 때 10cm인가 15cm인가 컸다고 하더라구요. 그 소리를 듣고 직접 재 보지는 않았지만 대학교 1학년 때 정말 많이 컸습니다.

고등학교 때 키가 크지 않았던 것은 아마 중·고교 때 잘 먹지 못해서 그런 것 같구요. 대학교 1학년 때 많이 컸던 것은 아마도 입주 과외를 하면서 잘 먹은 덕분이 아닌가 싶습니다.

영양실조에 걸려 있을 때, 징집영장이 나오자 이낙연은 졸업식 1주일을 앞두고 입대했다. 대학 졸업 앨범엔 시신 같은 얼굴 사진이 실렸다. 제대 후, 이낙연은 투자신탁에 취직했다. 월급은 좋았다. 그렇지만 현실이 만족스럽지 못했다.

다시 고교 동창 조안석 씨의 회고다.

저는 고대에 다니고 있었습니다. 그때도 안암동에 학교가 있었습니다. 낙연이 다니는 서울대는 동숭동에 있어 수시로 만났습니다.

저희가 대학을 다니던 시절은 정말 암울했습니다. 박정희의 유신정권 때라 고대생들도 그랬지만 서울대생들도 데모로 학창 시절을 보냈습니다.

낙연의 법학과는 수강 과목이 거의 고시 과목인데, 휴강이 많다 보니 학업에 매진할 수 없었습니다. 그때 고시 준비생들은 대부분 절로 들어갔습니다. 낙연은 절에 들어갈 돈이 없었습니다. 공부를 해 보겠다며 절에도 몇 번 갔지만 형편이 안 돼 나왔던 걸로 기억합니다. 동생들 학비도 보태야 될 처지였는데, 어떻게 고시공부에 전념할 수 있겠습니까.

역사 앞에
거짓된 글을
쓸수 없다

'굽히지 않는 펜' 이낙연

낙연이 군대 제대 후에 취업한 투자신탁은 제가 근무하던 한국은행 근처에 있었습니다. 낙연과 저는 자주 만났습니다. 다른 친구들도 어울리다 보면 왜 고시를 접고 취업을 했냐고 묻는 경우가 있었는데, 낙연은 그럴 때마다 자존심이 상했던 것 같습니다.

이낙연은 군 제대 후, 두 차례 고시에 도전했다. 사법고시와 행정고시를 각각 한 차례씩 치렀다. 그 무렵, 동아일보 채용 공고가 났다. 이낙연은 지원했다.

1979년 10월, 이낙연은 기자가 됐다. 첫 출입처는 총리실이었다. 총리실 출입 직후, 역사적인 사건이 터졌다. '10·26 사태'다. 전화가 없는 종암동 누나 집에 얹혀살다 보니 신문사의 연락을 받지 못했다. 다음날 출근해 보니 다른 기자가 간밤에 일어난 '10·26 사태'를 다룬 기사를 썼다. 이런 사연 때문에 이낙연의 기자 생활은 거대한 낙종으로 시작됐다.

약 한 달 뒤인 1979년 12월 12일, 이낙연은 총리공관 정문 앞 삼청여관 2층에 투숙했다. 지금은 카페로 바뀐 그 여관에서 대통령권한대행 최규하 총리의 내각 구성을 취재했다.

조안석 씨의 설명이다.

낙연은 여관에 몸을 숨기고 상당 기간 근무했습니다. 총리공관 출입자 명단을 일일이 적어서 신문사에 보냈습니다. 이 과정에서 낙연은 대한민국의 정치가 어떻게 돌아가는지, 자기가 취재해서 넘긴 정치 동향이 신문에 어떻게 보도되고 반영되는지 감을 잡았다고 합니다.

그렇게 초임 기자 생활을 총리 공관에서 보냈던 낙연이 문재인 정권 초대 국무총리로 총리 공관에 오래 머물렀습니다.

저는 낙연이 타고난 인물이란 느낌을 받았습니다. 낙연은 20대 후반 초임 기자 때, 총리실을 취재하고, 여관에 몸을 숨긴 채 총리공관을 지켜보면서 국가 경영을 어떻게 하는지 살펴봤습니다. 나라를 어떻게 이끄는 건지 탐구했습니다.

낙연이 문재인 정권 초대 총리가 된 건 결코 우연이 아니라고 생각합니다. 지나친 비약이겠지만, 어쩌면 낙연은 이미 20대 후반 동아일보 초임 기자 때, 총리로 점지된 것이 아닌가 싶습니다.

아무튼 낙연은 타고난 정치 지도자입니다. 흔히들 대통령은 타고난다고 합니다. 천명이라고 하던데, 낙연이 그런 천명을 타고났다고 저는 확신합니다.

1979년 12·12 군사반란으로 권력을 틀어쥔 전두환의 신군부는 이듬해인 1980년 언론 통폐합을 실시했다. 언론에 재갈을 물리며 1,000여 명이 넘는 언론인을 해직시켰다. 이낙연은 총리 인사청문회 등에서 당시 상황을 이렇게 회고했다.

제가 입사 2년 차일 때 언론 통폐합이 이루어졌습니다. 저희는 아무것도 할 일이 없었습니다. (…) 신군부에 의한 언론인 해직이 공교롭게도 저의 한 기수 선배들까지 하한선이었습니다. 산 자의 부채감 같은 게 평생을 따라다녔습니다.

조안석 씨의 말처럼 이낙연에겐 알 수 없는 '천명(天命)'이 있나 보다. 이낙연은 군 제대 후, 약 2년 동안 투자신탁에 근무하다가 또래보다 몇 년 늦게 동아일보에 입사했다. 만약 이낙연이 1년만 빨리 입사했더라도 언론 통폐합 때 해직됐을 것이다. 앞 기수 선배들이 해직되는 통에 1979년 입사한 이낙연의 동기들은 빠르게 승진했다. 입사 몇 년 만에 대부분 중견 기자가 됐다.

그가 동아일보에 몸을 담고 있는 동안, 5·18 광주민주화운동도 일어났다. 김대중 전 대통령은 죽음의 문턱을 넘었다. 40년 독재 정치를 청산하는 6월 민주항쟁도 있었다.

총리 시절, 이낙연은 동아일보 '나와 동아일보' 시리즈에 투고한 기고문에 '내가 동아일보 기자가 된 것은 우연이었다. 그러나 행운이었다'라고 썼다. 취업 과정은 우연인 듯하고, 언론 통폐합 때 살아 남은 것은 아이러니하게도 행운인 듯하다.

이낙연은 기고문에 이런 내용도 썼다.

1989년 여름. 나는 도쿄 특파원에 내정됐다. 같은 시기에 김대중 평민당 총재 측은 내 고향 국회의원 보궐선거에 나를 내보내려고 했다. (…) 나는 사양했다. 나는 국회의원보다 특파원이 더 하고 싶었다. 그 기회를 놓치면 나는 무식쟁이가 될 것 같았다. 3년 2개월 동안 나는 일본을 경험했고, 세계를 짐작했다. 내 선택은 옳았다. (…) 스물여덟부터 마흔아홉까지, 인생의 한복판에서 나는 동아일보 기자로 살았다. 나는 많은 것을 배웠다. (…) 진실을 알기는 몹시 어렵다는 걸 깨달았다. (…) 어느 경우에나 공정해야 한다는 것을 철칙으로 익혔다. 나는 국회의원에게 폭행을 당했다. 내 기사가 싫었던 의원은 의사당 안에서 나에게 주먹질을 했다. 나는 그것을 세상에 알리지 않았다. (…) 죽을 때까지 공부해야 된다는 것을 터득했다. 인생과 자연의 비밀은 너무 많고, 세상의 변화는 너무 빠르기 때문이다. (…) 동아일보 21년, 나는 많이 일했고, 많이 마셨다. 괴로운 날도 많았다. 그래도 좋은 시절이었다. 나의 내면을 형성한 소중한 수업 기간이었다.

언론 통폐합 때 살아남은 자의 부채감을 안고 평생 살아가고 있는 이낙연 기자. 그의 심장에 뿌려진 빛과 소금의 정신은 무엇일까. 언론은 세상의 빛과 소금이라 한다. 파수꾼으로서 비판과 감시를 하는 것이 본연의 역할이다. 동시에 사회적 약자를 끊임없이 대변해야 한다.

이낙연은 언론인 출신답게 재능이 뛰어난 문장력을 갖췄다. 일반인과 다르게 세상을 보는 눈이 예리하다. 잘못을 찾아내는 비판정신이 강하다. 이중삼중으로 사실관계를 체크하는 완벽주의자다.

기자의 심장과 눈을 가진 정치인 이낙연. 그는 빛과 소금의 동네인 법성면 용덕리 발막마을에서 태어났다. 빛과 소금의 역할을 강조하는 기독교인이다. 이런 연유가 있어서 사람들은 이런 바람도 전한다.

"앞으로도 흰 소금처럼 몸과 마음은 변함없이 깨끗하고, 늘 사회적 약자를 대변하며, 이 땅의 신성한 빛이 되길 바란다"고.

발막마을의 맥놀이
"물질이 개벽되니 정신을 개벽하자"

오늘도 발막마을에서는 커졌다 작아졌다를 되풀이하는 울림이 있다. 누군가의 귀엔 그 맥놀이가 세상을 울리는 큰 소리일 수도 있다. 정황하게 그가 누구냐고 묻는다면, 원불교 신자라고 조심스럽게 답할 수 있다.

"물질이 개벽되니, 정신을 개벽하자"

1916년, 원불교 교조인 소태산 박중빈 대종사가 새로운 종교를 창시하면서 내걸었던 표어다. 당시 소태산의 나이는 26세였다. 이 표어엔 인류 구원의 목표가 담겨 있다. 당시 소태산은 인류의 현실을 인간이 물질주의에 매몰되어 가는 상황으로 규정했다. 인간 정신의 자주성을 회복해야 이상세계를 건설할 수 있다고 여겼다.

소태산은 1891년 음력 3월 27일, 영광군 백수읍에서 태어났다. 부모님은 평범한 농부였다.

소태산은 4남 2녀 중 3남이다. 손위로 누나가 있었는데, 이름은 박도선화다. 그녀의 남편은 서기채다. 용덕리 출신으로 1886년생이다. 1891년생인 소태산보다 다섯 살 위다. 서기채는 소태산의 방언 공사를 도왔다.

1918년 4월, 소태산은 와탄천의 갯벌을 막아 논으로 만드는 방언 공사에 착수했다. 제자들과 함께 저축조합을 만든 뒤에 시도한 것이다. 공사에 들어간 지 1년 만에 2만 6천 평의 농토를 일궈 냈다. 가래와 삽으로 기적 같은 일을 벌였다. 간척지의 명칭은 '정관평'이다. 당나라 태종의 연호인 '정관'을 차용한 것이다. 낙원 건설의 염원이 담겼다. 소태산은 1943년 열반했다. 1945년 광복 당시, 원불교의 교당은 25개소, 교도는 8천여 명이었다. 교도 중엔 용덕리 사람도 있었다.

서기채와 박도선화는 슬하에 5남매를 두었다. 차남이 서대원 총무교감이다. 1910년생으로 20세에 출가해 외삼촌인 소태산을 도와 원불교의 기틀을 만들었다. 부모님이 보내 준 돈으로 구입한 일어와 한문으로 된 불교 경전은 훗날 원광대학교 도서관의 모체가 되었다.

용덕리엔 원불교의 또 다른 주요 인물이 있다. 서대인 종사다. 1914년생으로 서대원 총무교감보다 세 살 아래다. 서대인 종사는 부친 서규석의 1남 7녀 중 다섯째 딸이다. 18세 때인 1931년 소태

산 대종사를 찾아가 출가했다. 원불교 종사 등을 역임했다. 교단의 여성 최초 예비대각여래위다. 서대인 종사는 2004년 91세로 열반 했다. 생가터는 용덕리 발막마을에 있다.

이낙연의 길 …

아버지의 뼈와 어머니의 살로 큰 이낙연, 부모에 대한 효와 형제간 우애 중시하다

이낙연의 아버지는 엄부였다. 너그럽고, 따뜻한 호인이었지만 원칙에서 벗어나고 양심을 지키지 않을 때는 호되게 자식들을 꾸짖었다. 평소 아버지는 물질보다는 정신을 중시했다. 일제 강점기인 1921년에 태어나 1991년 이승을 떠날 때까지 칠순의 세월을 살면서 근검·절약하고, 땀 흘려 벌지 않은 돈은 탐하지 않았다.

'물질이 개벽되니, 정신을 개벽하자'는 표어를 내건 원불교는 영광 고을에서 탄생했다. 창시자 소태산은 법성면과 인접한 백수읍 출신이다. 원불교 주요 인물 중엔 용덕리 출신도 있다. 이런 사정을 감안하자면, 이낙연의 아버지가 원불교를 모를 리 만무하다.

원불교의 중심 교리는 '사은(四恩)'이다. '천지은', '부모은', '동포은', '법률은'이다. '은혜를 받았다는 걸 깨닫고 보은하자'는 것이다.

아버지의 정신세계에 영향을 미친 종교는 여럿이었으리라. 비단 원불교만은 아닐 것이다. 여하튼지 아버지는 물질이 아닌 정신의 가치를 자식들에게 각인시켰다.

『어머니의 추억』에 실린 셋째 딸 이인순 씨의 글 '고추밭의 철학' 이다.

예전에 우리 집에서 고추 농사를 400평 정도 지었습니다. 초봄에 씨를 뿌렸다가 모종을 내고, 밭에 비닐을 덧씌우고, 그 안에 모종을 심고, 구멍을 뚫어 주고, 기둥을 세워 주고…. 그리고 다시 고추밭에 물을 주고, 거름을 주고, 시기에 맞게 농약을 뿌려야 했습니다.

그런데 어머니, 아버지는 남들이 치는 농약을 치지 않으셨습니다.

"사람이 먹을 것에 어떻게 그렇게 독한 농약을!"

(…) 늦여름이 되면 중간 상인들이 몰려와서 동네를 한 바퀴 돌며 집집마다 고추 값을 흥정하고, 고추의 등급에 따라 다양한 가격을 쳐서 사 가게 됩니다. 그러다 보니 시골 사람들도 요령을 부리곤 합니다. 안에는 나쁜 고추를, 밖에 보이는 곳에는 좋은 고추를 담아서 좋은 가격으로 파는 것입니다.

고추를 말리다 바닥에 떨어진 고추씨를 고추 자루에 함께 담아 무게가 더 많이 나가도록 하는 사람들도 있었습니다. 하지만 우리 부모님들은 절대 그런 눈속임을 하지 않으셨습니다.

가끔 마트에서 야채나 과일을 사다가 씻다 보면 부모님을 생각하게

됩니다. 겉과 속이 같은 사람, 처음과 끝이 같은 사람….
 우리 부모님의 삶이야말로 처음과 끝이 같은 삶, 겉과 속이 같은 삶이었습니다. 그런 부모님들에 비하면 저는 그저 그때그때의 상황에 따라 다른 삶을 살고 있는 것 같아 부끄러워지곤 합니다.

이낙연의 아버지는 매서운 원칙주의자였다. 둘째 딸 이금순 씨에 따르면, 아버지는 품질 검사를 받기 위해서 채소나 곡식을 담을 때 흔히 눈에 보이는 쪽에 번듯한 걸 두고, 아래에 상처 입고 질 낮은 걸 숨겨 두는데, 이런 것도 용납하지 않았다.

덕분에 좋은 일도 있었다. 수확한 농작물을 내다 팔 때, 용덕리 밭막마을 이두만 씨네 것이라고 하면 믿고 사 갔다.

지난 2015년 3월 2일, 전남도립대학교 입학식 축사에 이낙연은 이런 말을 담았다.

 인간의 신체 중에 가장 정직한 곳이 등입니다. 입은 거짓말을 할 수 있습니다. 손도 거짓말을 합니다. 그러나 뒷모습은 거짓말을 못합니다.
 부모님이 성공했을 수도, 실패했을 수도 있습니다. 그렇지만 정직하고 성실하게 사셨다면, 자식을 위해 희생하는 삶을 사셨다면, 그런 부모의 뒷모습을 보면서 아이들은 자라게 돼 있습니다.

아버지의 뼈와 어머니의 살로 큰 이낙연. 물질보다는 정신을 귀하게 여기고, 부지런하고 검소하게 산 부모님을 닮아 이낙연은 정직하고 성실하다. 부모님 살아 계실 제 성심껏 봉양했다. 형제지간의 우애도 매우 중시한다.

'수신제가치국평천하(修身齊家治國平天下)'라는 말이 있다. 유교 경전인 『대학(大學)』에 나온다. '몸을 닦고, 집안을 정돈하고, 나라를 다스리고, 천하를 평안하게 한다'는 뜻이다.

2020년, 대선을 앞두고 여러 잠룡들이 꿈틀거린다. 대통령을 꿈꾸는 사람에겐 적어도 수신과 제가는 필요하리라. 수신도 하지 않고, 제가도 못한 사람이 어찌 치국평천하를 논한단 말인가.

삼덕초 교정에 울려 퍼진
"삼천리금수강산 횃불이 되어"

 전북 고창군 공음면엔 회룡마을이 있다. '회룡(回龍)'은 '용이 돌아온다'는 뜻이다.
 영광군 법성면 용덕리엔 공음면 회룡마을을 바다 건너 동쪽에 둔 마을이 있다. 마을의 서쪽엔 고개가 있다. 용현(龍峴)마을이다. 용들이 고창의 회룡마을로 돌아가려면 반드시 넘는 고개가 '용고개'란다. 용고개가 있는 마을이 용현마을이다.
 용현마을 어귀엔 현재 폐교된 초등학교 교정이 남아 있다. 삼덕초등학교, 즉 삼덕국민학교다.
 1930년대, 조선총독부는 간이학교(簡易學校)를 전국에 설치했다. 보통학교에 다니지 못하는 한국의 아동들에게 속성으로 국민학교 교육과정을 이수시켰던 학교다. 보통학교 부설로 2년제였다. 8·15 광복 직전 폐지됐다.

1936년 6월 1일, 법성면 용덕리에서도 간이학교가 문을 열었다. 용덕간이학교다. 법성포공립보통학교 부설로 개교했다. 2년제였던 용덕간이학교는 몇 차례 명칭이 바뀌었다. 1950년 5월, 삼덕국민학교라는 이름을 갖게 되었다. 법성면 3개 리의 초등학생들이 입학했다. 용덕·용성·삼당리 학생들이다.

삼덕국민학교로 개칭된 지 약 두 달 뒤, 학교는 휴교에 들어갔다. 6·25 한국전쟁이 발발해서다. 이듬해인 1951년 6월, 다시 문을 연 삼덕국민학교는 1996년 2월, 법성포초등학교에 통폐합됐다. 1936년, 법성포공립보통학교 부설 용덕간이학교에서부터 그 연혁을 따진다면 삼덕초의 역사는 60년이다. 60년 동안 삼덕초가 배출한 졸업생은 총 2,858명이다.

환갑의 세월 동안 2,800여 명의 졸업생을 배출한 삼덕초에도 교기가 있고 교가가 있다. 이홍규 작사, 신인석 작곡의 교가는 그 제정 연대가 미상이다. 가사는 다음과 같다.

> 눈앞에 우뚝 솟은 초포산 마루
> 그 정기 담뿍 어린 배움의 전당
> 스승의 사랑 속에 슬기를 길러
> 길이길이 빛내자 우리 삼덕교

기나긴 역사 속에 이어온 전통
　　　향토의 자랑스런 알뜰한 터전
　　　삼천리금수강산 횃불이 되어
　　　길이길이 빛내자 우리 삼덕교

　교가 2절에서 눈에 띄는 가사는 '삼천리금수강산 횃불이 되어'다. 삼덕초는 기나긴 역사 속에서 전통을 이어 왔다. 법성면의 자랑스러운 배움의 전당이었다.
　삼덕초 출신인 박정일 씨는 이렇게 말한다.

　　제가 61년생인데, 저희가 학교 다닐 땐 교가가 없었습니다. 몇 기수 후배들이 학교를 다닐 때 교가가 생긴 듯합니다. 교가에 나오는 초포산은 쪼삐산이라고도 불렀는데, 뾰족하게 솟아서 그런 산 이름을 갖게 되었다고 알고 있습니다.

　삼덕초 교가가 언제 만들어졌는지 확인하지는 못했다. 하지만 삼덕초를 졸업한 상당수의 동문들은 이 교가를 불렀을 것이다. 재학 시절, 이 교가를 부르며 큰 자부심을 느꼈을 테고, 이 다음에 커서 모교를 길이길이 빛내겠다는 꿈도 품었을 것이다. 그러면서 삼천리금수강산의 횃불이 되겠노라 다짐도 했으리라.

이낙연의 길 …

DJ·노통·문재인의 햇불로 켤 이낙연의 햇불, 적어도 '천강의 달빛에 일주명창이어라!'

칠산바다 갯고랑을 거슬러 올라 고창군 공음면 회룡마을로 돌아갈 용들이 반드시 넘는다는 용고개. 영광군 법성면 용덕리 용현마을에 그 용고개가 있다.

용현마을에 터를 잡은 삼덕초. 그 전신은 일제 강점기에 문을 연 용덕간이학교다. 1995년은 광복 50주년이었다. 이 해 '국민학교'는 '초등학교'로 명칭이 바뀌었다. 민족정신에 걸맞은 새 명칭을 갖자는 조치였다.

1958년, 이낙연은 삼덕초에 입학했다. 16회다. 당시 삼덕초는 조그만 분교였다. 전체 학생 수는 200명 정도. 교실은 3칸. 2개 학년이 한 칸의 교실에서 수업을 했다. 교실 바닥은 마룻바닥이었다. 선생님은 몇 분 안 됐다.

몇 년 뒤, 베이비붐 세대들이 취학을 하면서 학생 수가 대폭 늘었

다. 교실과 선생님도 많아졌다. 안타까운 일도 있었다. 중도에 자퇴하는 학생들이 많았다. 주로 여학생들이었다.

삼덕초 졸업생들은 거의 100% 법성면의 면소재지에 있는 법성포중학교에 진학했다. 광주나 서울에 연고가 있는 집안의 아이가 간혹 광주나 서울의 중학교에 진학하는 경우는 있었다. 하지만 삼덕초 졸업생 대다수는 법성포중학교로 진학했다.

1964년, 삼덕초를 졸업한 이낙연은 광주 북중에 입학했다. 빈농의 아들이 대도시로 유학을 가다니, 당시 시대상으로 볼 때 정말 특이한 일이었다.

지난 2008년, 이낙연이 법성포초등학교 개교 100주년 기념으로 투고한 글이다. 일부만 발췌했다.

삼덕초교는 사라졌습니다. 그러나 제 마음속에서는 여전히 살아 있습니다. 요즘도 어머니께서 사시는 고향 마을(발막부락)에 갈 때면 옛 삼덕초교 정문 앞을 지나게 됩니다. 그때마다 저는 초등학교 시절을 아련하게 떠올리곤 합니다. 가난했으나 가난한지 몰랐고, 외로웠으나 외로운지 몰랐던 그 시절을, 달콤 쌉싸래하게 기억하곤 합니다.

삼덕초교는 너무도 작은 학교였기 때문에 우스운 일도 많았습니다. 학년에 반(班)이 있다는 것도, 교장 선생님은 수업을 하지 않으신다는 것도, 학생이 의자에 앉아서 공부한다는 것도 저는 중학교(광주북중)에 가서야 처음 알았습니다. 삼덕초교에서는 한 학년이 한 개 반뿐이었고, 선생님이 부족해 때로는 교장선생님이 수업을 해 주셨습니다. 학생들은 마루에 앉아 공부했습니다.

저희 학년은 학생이 40명 정도였습니다. 저는 학교에 들어가자마자 저희 학년의 출석부를 달달 외웠습니다. 1번 남궁오채, 2번 이기철은 지금도 기억하고 있습니다. 출석부는 일부러 외운 게 아니었습니다. 아무런 정보도 오락도 없던 시절에, 날마다 학교에서 맨 먼저 듣는 것은 출석을 부르시는 선생님의 목소리였기 때문에 저도 모르게 외워졌습니다.

학생들의 번호는 키 순서로 매겨졌습니다. 저는 29번이었습니다. 저는 학교에서 집에 돌아오면 혼자서 출석부를 중얼거리곤 했습니다. 아버지는 무서운 분이셨지만, 저의 그런 모습에는 흐뭇해 하셨습니다.

저의 마을에서 삼덕초교까지는 $1km$쯤 됐습니다. 저는 같은 마을 아이들이나 제 남매들과 신작로에서 장난을 쳐 가며 학교에 걸어 다녔습니다. 지금 보면 별로 높지도 않은데, 그때는 구암 잔등(구암과 용현 사이의 언덕)이 가장 어려운 코스였습니다.

그 무렵 어머니는 법성포까지 $5km$ 남짓을 걸어 다니며 채소나 옥수수를 파셨습니다. 어머니는 아침 식사도 거른 채, 그 길을 늘 걸어갔다가 걸어서 돌아오셨습니다.

저희가 학교에 가는 시간이면, 어머니는 장사를 마치고 돌아오셨습니다. 저희 남매와 어머니는 신작로에서 스치곤 했습니다. 어머니는 작고 남루하고 지쳐 보였습니다. 저희는 그런 어머니가 부끄러웠습니다. 저는 기억이 희미하지만, 저희 남매 중에는 마치 모르는 사람인 것처럼 어머니를 일부러 외면한 경우도 많았다고 합니다. 그래도 어머니는 "너희들 학교 가는 모습을 보면 다리에 힘이 나더라" 하고 말씀하시곤 했습니다. 저희 남매들이 어머니께 저지른 가장 못난 잘못입니다. (…)

그 시절의 농촌 아이들이 모두 그랬듯이, 저도 학생이라기보다는 집안의 작은 일손으로서 초등학교 시절을 보냈습니다. 봄이면 아버지의 모내기를, 여름이면 어머니의 밭일을 돕거나 소를 먹이며 지냈습니다. 가을이면 홀태질을 해가며 추수를 거들었습니다. "돕거나 거들었다"고 말하지만, 저의 일솜씨는 형편이 없었습니다. 매번 아버지의 호된 야단만 듣기 일쑤였습니다.

그러던 저에게 큰 변화가 생겼습니다. 초등학교 6학년이 되자 여드름투성이의 젊은 호랑이 선생님이 나타나셨습니다. 사범학교를 졸업하시고 군대를 제대하신 뒤에 첫 부임지로 삼덕초교에 오신 박태중 선생님이셨습니다.

박 선생님은 다짜고짜 저에게 "너는 광주서중학교에 가라" 하고 명령하셨습니다. 저는 당연히 법성포중학교에 가는 것으로만 알았습니다. 광주로 진학한다는 것은 생각해 본 적도, 들어본 적도 없었습니다.

박 선생님은 저희들에게 시험을 자주(한 달에 두 번쯤?) 치르게 하셨습니다. 그리고 저에게만 과목별 목표 점수를 정해 주셨습니다. 국어 90점, 산수 90점… 하는 식이었습니다. 제 성적이 그 점수에서 1점 모자랄 때마다 저는 회초리 한 대씩을 맞았습니다. 저는 공부를 제일 잘하면서도 매를 제일 많이 맞았습니다. 선생님은 제가 본 적도, 들어본 적도 없는 전과나 수련장을 사다 주시며 저에게 공부를 시키셨습니다. 밤이면 저희 마을까지 오셔서 제가 공부하는지를 확인하시곤 했습니다. 저는 서중에서 떨어졌으나 후기 북중에 합격했습니다.

지금 박태중 선생님은 저의 후원회장이십니다. 국회의원 가운데서 초등학교 담임 선생님을 후원회장으로 모신 사람은 저 뿐일 것입니다. 제가 박 선생님을 후원회장으로 모신 것은 박 선생님께서 후원금을 잘 모금해 주셔서가 아닙니다. 박 선생님이야말로 제 인생의 새로운 출발점을 만들어 주신 은인이시기 때문입니다. 제 인생의 원점을 잊지 말자는 생각에서 박 선생님을 후원회장으로 모신 것입니다.

박 선생님은 삼덕초등학교가 저에게 안겨 준 가장 값진 선물입니다. 그 박 선생님은 지금도 제 인생의 한복판에 계십니다. 삼덕초등학교는 제 인생의 원점입니다. 그것을 어찌 잊을 수 있겠습니까.

중학교 입학시험이 있던 당시, 광주서중은 호남의 수재들이 모이는 명문이었다. 이낙연을 이런 중학교에 보내려고 박태중 선생은 회초리를 들었다. 집안 형편 때문에 망설이는 부모님을 설득했다. 참고서와 간식거리를 들고 가정 방문도 했다.

"아니 선생님, 제가 언제 광주서중 간다고 했습니까?"

이낙연은 박태중 선생 면전에 대고 이런 항변도 했다. 비록 작은 시골 학교였지만 이낙연은 나름 공부도 잘했다. 웅변대회 등 외부에서 열리는 각종 대회에 학교 대표로 출전해서 좋은 성적도 거뒀다. 그런데도 회초리를 맞다 보니 이낙연은 억울했던 것이다. 하지만 박태중 선생의 강도 높은 학습지도는 계속됐다. 덕분에 이낙연은 광주로 유학을 가게 되었다. 당초 목표였던 광주서중은 떨어졌지만 후기인 광주북중에 입학했다.

이낙연은 총리 취임 초기, 서울대 총동창신문과의 인터뷰에서 이런 말도 남겼다. 인터뷰는 동아일보 정성희 논설위원이 맡았다고 소개하며, 아시아엔이 기사 전문을 게재했다. 2018년 9월 24일자다.

물론 법조인이 되고 싶어 법과대학을 갔지요. 하지만 아버지가 하숙비를 못 주셔서 사법시험을 포기하고 기자가 됐고 기자를 하다 보니 DJ를 만나 국회의원이 됐고 지사 총리가 됐잖아요. 이 변화를 압축해서 말하면 아버지가 하숙비를 못 줘서 국무총리가 됐다고 할 수 있죠. 결국 아버지의 가난이 얼마나 많은 축복을 준 겁니까. 많은 사람들에게 그 이야기를 해요. 국무총리가 된 게 대단한 게 아니라 이 변화 자체가 경이로운 거라고.

이낙연은 "서울대인에게 한 말씀 해 주신다면?"이라는 질문에 이런 대답을 했다. 그러면서 "당신도 예측할 수 없는 엄청난 변화, 엄청난 기회가 당신을 기다리고 있다"며 "기존의 시선으로 당신의 미래를 함부로 재단하지 마라"고 조언했다.

이낙연의 인생 시곗바늘을 삼덕초 6학년 때로 돌려 보자. 그때 이낙연에게 주어진 엄청난 인생의 변화와 기회를 압축해 본다.

'만약 이낙연이 삼덕초 6학년 때, 박태중 선생을 만나지 못하고 광주 북중이 아닌 법성포중에 진학했다면, 서울대 법대를 가고, 동아일보 기자가 될 수 있었을까?'

지난 세월을 어찌 가정할 수 있을까만, 굳이 이렇게 가정을 해 본다면, 이낙연이 초등학교 6학년 때 박 선생을 만나지 못했다면 광주일고와 서울대 법대 진학은 결코 쉽지 않았으리라.

그렇다. 이낙연의 인생 원점은 분명 삼덕초다. 그런데 삼덕초 교가는 '삼천리금수강산의 햇불이 되라' 한다.

DJ는 '행동하는 양심'의 햇불을 들었다. 노통은 '사람 사는 세상'의 햇불을, 문재인 대통령은 '나라다운 나라'의 햇불을 들었다. 이낙연은 DJ·노통·문재인의 햇불에 불을 붙여 새롭게 켠 햇불을 들 것이다.

이낙연의 횃불은 적어도, 늘 한결같이 만백성을 고루 비추는 천강의 달빛이길 희망한다. 하나의 심지로도 세상을 환하게 밝혀, 기어이 암흑의 시대를 몰아내고 독재에 막혔던 길을 뻥 뚫어 낸, 일주명창(一炷明窓) 같은 불멸의 불꽃이길 소망한다.

어머니의 황톳길

어머니의 황톳길

이 산하에 녹두꽃 씨앗 처음 뿌린
고창 공음면 사람들

새야 새야 파랑새야

녹두밭에 앉지 마라

녹두꽃이 떨어지면

청포장수 울고 간다

콩도 잘나 뵈는 콩이 있고, 못나 뵈는 콩이 있다. 좁쌀보다는 크지만 팥알보다는 작은 녹두알은 겉보기엔 그닥 잘나 뵈는 콩알은 아닌 듯하다. 그러나 진한 초록의 녹두알은 이 산하에서 특별한 대우를 받는다. 녹두장군 전봉준 덕분이다.

그 옛날 농업은 천하의 사람들이 살아가는 큰 근본이었다. 그래서인지, 아니면 농민이 천하의 주인인 세상을 만들기 위함인지, 1894년 이 땅에서는 동학농민혁명이 일어났다. 이 혁명의 횃불을

든 사람들은 농민을 비롯해 노비와 백정 등 천민 집단이었다. 이들은 인간의 평등을 추구하고 자주 국가 건설을 위해 목숨을 바쳤다.

혁명의 깃발은 녹두장군이 들었다. 그의 키는 녹두알마냥 작았다. 몸집은 왜소했지만 다부진 그를 민중은 녹두장군이라 불렀다.

혁명의 횃불은 들불처럼 번져 광야를 활활 태웠지만 안타깝게도 약 2년 만에 꺼졌다. 녹두장군이 미완의 혁명을 통탄하며 형장의 이슬로 사라지던 그 시절, 민중은 시대의 아픔을 노래로 불렀다. 민요로 분류되는 〈새야 새야 파랑새야〉다.

파랑새는 흔하지 않은 여름 철새다. 선명한 청록색 몸뚱이에 검은색 머리와 꼬리를 가졌다. 매년 5월경, 나라 밖 더운 나라에서 날아오는 파랑새를 그 시절의 민중은 일본군으로 여겼다. 오늘날 파랑새는 행복과 희망의 상징이지만 당시는 왜구로 여겼던 것이다.

이 노래의 녹두꽃은 녹두장군 전봉준을 상징하고, 녹두밭은 농민군을, 청포장수는 백성을 상징한다. '청포(淸泡)'란 녹두로 쑨 묵을 통틀어 이르는 말이다.

녹두장군 전봉준이 이끈 동학농민혁명의 실패를 탄식하는 민중의 한을 빗대서 불렀던 전래 동요 〈새야 새야 파랑새야〉. 일제 강점기, 우리 민족은 다들 이 노래를 가슴 저리게 불렀겠지만 고창군 공음면 사람들은 남다른 애절함으로 이 노래를 부르고 또 불렀을 것이다. 이 산하에 녹두꽃의 씨앗을 처음 뿌린 사람들이기 때문이다.

고부군수 조병갑의 학정에 고부고을 민중들이 관아를 점령한 것은 1894년 음력 1월의 일이다. 그런데 조병갑을 쫓아내지 못했다. 신임 군수의 회유와 탄압에 농민군은 해산됐고, 녹두장군을 비롯한 지도부는 몸을 숨긴다.

1994년 음력 3월, 녹두장군은 손화중과 함께 오늘의 고창 땅인 무장현 구수내마을 들판에 섰다. 두 사람이 이끄는 농민군은 4천여 명이었다.

사람을 세상에서 가장 귀하게 여김은 인륜이 있기 때문이며 군신과 부자는 가장 큰 인륜으로 꼽는다. 임금이 어질고 신하가 충직하며 아비가 자애롭고 아들이 효도를 한 뒤에야 국가를 이루어 끝없는 복록을 불러오게 된다. (…) 안으로는 나라를 돕는 인재가 없고 바깥으로는 백성을 갈취하는 벼슬아치만이 득실거린다. (…) 이제 의로운 깃발을 들어 나라는 보존하고 백성을 편안히 하는 것으로 죽고 사는 맹세를 하는 바이니 (…).

녹두장군과 손화중 등 지도부는 이런 선전포고문을 발표한 뒤, 혁명에 나섰다. 이때부터 동학농민혁명은 일개 지역의 군수를 상대로 한 작은 전투가 아니라 조정과 외세에 맞선 민중 봉기로 거듭났다. 동학농민혁명의 본격적 시작을 알린 무장현 동학 농민군 총궐기를 '무장기포'라 칭한다. 1994년 음력 3월 21일, 양력으로는 4월 25일이다. 이날 있었던 무장기포의 현장은 지금의 고창군 공음면 구암리 구수마을이다.

1914년 이전엔 고창군에 '공음면(孔音面)'이라는 지명이 없었다. 일제의 행정구역 개편에 따라 '와공면(瓦孔面)'의 '공(孔)'과 '동음치면(冬音峙面)'의 '음(音)'을 따서 '공음'이라는 지명이 탄생했다. 이런 까닭에 공음면은 녹두장군과 손화중이 주도한 무장기포의 발생지로 자리매김했다.

무장기포 당시, 녹두장군은 구수마을에 은신 중이었다. 이 마을에서 녹두장군은 손화중 등 몇 명의 접주와 기포를 모의했다. 그 뒤 농민군을 편성했다. 무기도 확보하고 군량미도 준비했다.

무장기포 직전, 구수마을 들판엔 농민군 수천 명이 머물렀다. 영광군 법성면 용덕리 용현마을의 대밭에서는 죽창이 만들어졌다. 구수마을 근방인 고창군과 영광군의 민가에서는 엽총, 괭이, 낫, 가래 등을 모았다.

구수마을 들판에 모인 수천 명의 농민군은 기포를 앞두고 훈련에 매진했다. 기포 무렵은 음력으로는 3월, 양력으로는 4월이었다. 꽃샘추위가 기승을 부리는 춘궁기였다.

6·25 한국전쟁 이후에도 우리 선인들은 매년 보릿고개를 넘었다. 먹지 못하면 누렇게 부황이 났다. 굶주림에 초근목피를 긁어 먹

었다. 심지어 흙을 파먹는 사람도 있었다. 궁핍한 봄날에 보릿고개를 매년 넘던 시절, 수천 명의 농민군이 훈련에 매진하기란 여간 어려운 일이 아니었을 것이다. 그것도 맹춘의 꽃샘추위가 살을 에는 허허벌판에서 노숙을 하면서 말이다.

구수마을 들판에서 훈련을 하던 농민군에게 식량을 대 준 사람들이 있었다. 보리도 아닌 쌀을 60가마니나 내어 준 사람들도 있었는데, 공음면 석교리 주민들이었다.

석교리는 구수마을과 인접해 있다. 마을에 있는 작은 돌다리를 '독다리' 또는 '석교'라 불렀다. 이 돌다리 때문에 '석교리'라는 이름을 얻었다.

이낙연의 길 …

다섯 살짜리 한자(漢字) 신동 이낙연, 동학의 후예 외할아버지 감복시키다

　1994년 음력 3월 21일, 고창군 공음면 구암리 구수마을 들판에서 농민들이 분연히 떨쳐 일어난 무장기포. 이때 이낙연의 고향인 영광군 법성면 용덕리 농부들은 대나무밭에서 죽창을 만들었다. 영광군 민가에서는 엽총과 농기구를 모았다.

　이낙연의 외가가 있는 고창군 공음면 석교리에서는 쌀 60가마니를 동학 농민군에게 전했다. 춘궁기에 구수들판에서 훈련하는 농민군들의 식량이었다.

　이낙연의 외가는 석교리 창촌마을이다. 창촌마을엔 나라에 바칠 세곡미를 보관하던 창고가 있었다. 창고가 있어 마을 이름을 '창두'로 부르다가 훗날 '창촌'으로 바꿨다. 창촌마을 남서쪽의 석교포에 있던 조창인 석교창은 법성창과 바다의 뱃길로 연결됐다. 석교창은 고창 지역 세곡미를 법성창으로 운반하기 위한 중간의 창고였다.

외가
고창군 공음면
석교리 창촌마을

무장기포의
진원지로
마을 사람들에겐
동학농민혁명의
피가 흐른다

무장기포 때, 석교리 주민들이 동학군에게 쌀 등 곡식을 지원할 수 있었던 것은 순전히 석교창 덕분이었다. 석교리 주민들은 석교창을 단단히 지켰고, 동학군은 석교창에서 화약을 제조했다.

이낙연의 외가는 이 석교창에서 약 200m 떨어져 있다. 옛날엔 초가집이었다. 방 두 칸에 부엌이 딸려 있었다. 마루와 마당은 넓은 편이었다.

외가 근방엔 거목 팽나무가 있었다. 수령은 수백 년. 그 옆엔 교회가 있었다. 석교교회였다. 석교리 사람들은 이 교회에 다니며 한글을 깨우쳤다. 이낙연의 어머니도 처녀 때 이 교회를 다녔다. 석교교회는 사라진 지 오래고, 팽나무 밑 교회 터엔 모정이 서 있다.

외가는 석교리 창촌마을 서당이었다. 서당 훈장은 외할아버지였다. 공음면에 있던 두 곳의 서당 중 하나였다. 이낙연의 막내 외삼촌 진철종 씨의 증언에 따르면, 이낙연의 외가는 뼈대 있는 한학자 집안이었다. 이낙연의 외증조부는 무장기포 무렵, 무장현 사람들의 추앙을 받던 유생이었다.

진철종 씨는 무장현, 즉 지금의 무장면에 터를 잡았던 집안이 공음면 석교리로 터전을 옮긴 배경엔 1994년 무장기포가 있었다고 주장한다. 공음면 석교리 주민들 대다수가 그렇듯 이낙연의 외가 식구들도 동학혁명의 후예임을 입증할 수 있는 주장이다.

이낙연의 외할아버지가 운영하던 창촌마을 서당엔 공음면은 물론 인근 지역의 학동들도 찾아왔다. 공음면에 서당이 두 곳 뿐이다 보니 창촌마을 서당은 본동 학동들은 말할 것도 없고 근동 학동들의 학습과 수신의 전당이었다.

이낙연의 어머니는 장녀라 집안의 대소사를 챙겨야 될 처지다 보니 출가 후에도 친정 출입이 잦을 수밖에 없었다. 어머니가 친정에 갈 때면 어린 이낙연도 동행하기 마련이었다. 그 시절의 얘기를 막내 외삼촌 진철종 씨가 들려준다.

저와 이 총리의 나이는 다섯 살 차이가 납니다. 제가 막내 외삼촌이다 보니 총리가 외가에 찾아오면 저와 가장 살갑게 지낼 수밖에 없었습니다.

아버님이 훈장을 하실 때, 집안에서는 20~30명의 학동들이 공부했습니다. 한문 공부였습니다.

총리가 초등학교 취학 전의 일입니다. 다섯 살 때였습니다. 어머니를 따라 외갓집에 왔는데, 안방과 마루에서 수십 명의 학동들이 천자문 등을 외우며 공부하고 있으니 어린 총리는 함부로 외할아버지, 그러니까 저희 아버지가 계시는 안방에 들어가지 못했습니다. 수줍고 부끄러우니 마당에서 어슬렁거렸습니다.

그럴 때면 외할아버지가 마당으로 나가서 총리를 품에 안고 방으로 들어갔습니다. 무릎에 앉힌 뒤 학동들을 가르치곤 했습니다.

그때는 요즘 같은 도배지가 없던 시절이라 방안의 벽 도배지는 신문지였습니다. 외할아버지는 지휘봉으로 벽면 신문지의 한자를 하나씩 짚어 가면서 총리에게 읽어 보라고 권했습니다. 그러면 어린 총리는 그것을 다 읽었습니다.

참으로 신기한 일이었습니다. 총리가 어렸을 때, 용덕리 누나네 집에 가 보면 조카들이 집 밖에 나가서 놀지 않았습니다. 죄다 방에서 뒹굴뒹굴하면서 손에 책을 들고 놀았습니다. 덕분에 조카들은 초등학교 취학 전에 이미 한글을 뗐습니다.

다섯 살짜리 어린 총리가 외갓집 벽에 도배된 신문지의 한자를 또박또박 읽었다는 건, 천자문을 거의 뗐다는 얘깁니다. 외할아버지 제자들은 어린 총리가 집에 오면 곤란할 때도 있었습니다.

"아니 이 녀석들아! 이 다섯 살짜리 어린애도 이렇게 한자를 읽고 있는데, 도대체 네놈들은 뭘 하는 게냐?"

철이 들고 난 이후, 총리는 제게 가끔 이런 말을 했습니다.

"삼촌! 내가 어렸을 때 외갓집 가면 공부하는 사람들이 시집살이 했어 잉!"

총리의 이 말은 맞습니다. 표현이 정확한지는 모르겠습니다만 그 시절, 어린 총리 때문에 아버지 제자들이 정말 시집살이(?)를 했습니다.

코흘리개 어린 시절부터, 총리는 외가에 올 때마다 외할아버지가 제자들에게 천자문 등 한문을 가르치는 걸 봤습니다. 그러다 보니 친가에 돌아가서 천자문 책을 들여다봤을 겁니다. 호기심 때문에 그럴 수도 있을 텐데, 머리가 똑똑하니 금방 외웠을 겁니다.

저희 아버님은 외손주인 어린 총리를 그렇게 귀여워했습니다. 무릎에 앉혀 놓고 많은 대화도 나누었습니다. 그러면서 어린 총리가 보통 아이는 아니라고 생각했습니다.

어린 총리가 외가에 오면 동네 어른들이 많은 사랑을 베풀었습니다. 수줍음도 많았지만 어른들을 보면 인사도 잘하고, 예도 갖추고. 겸손도 하니 어른들이 귀여워하고 예뻐할 수밖에요. 그런데다 머리도 좋고, 공부도 잘한다고 소문이 자자했습니다. 그런저런 사정 때문에 어린 총리는 동네 어른들의 많은 사랑을 받았습니다.

어린 시절, 한자 신동으로 소문이 자자했던 이낙연. 그의 외할아버지는 동학의 후예였다. 무장현의 한학자 집안이었고, 영광고을에서 이름만 대면 알 수 있는 만석꾼 집안의 핏줄이었다.

외가와 마찬가지로 친가 역시 동학혁명의 피가 흘렀을 가능성도 있다. 1994년 음력 3월 무장기포 때, 이낙연의 고향인 영광군 법성면 용덕리 농부들은 동학 농민군의 죽창을 만들었다. 영광 일대의 많은 농가에서는 엽총을 만들고 농기구를 모아 동학 농민군에 전했다.

이낙연은 동아일보 도쿄 특파원으로 3년 2개월 근무한 바 있다.

이 때문에 이낙연을 친일파로 모는 위정자들이 몇몇 있다.

이낙연은 지일파다. 동학혁명의 피를 물려받은 지일파다.

개갑장터의 황톳빛 절규
"백성은 나라의 근본이다!"

역사의 거센 파도가 휘몰아치던 1890년대, 조선 팔도의 봇짐장수와 등짐장수들이 우르르 몰리던 유명한 장터가 고창 고을에도 있었다. 개갑장터다.

그 옛날 장날은 인근의 거의 모든 사람들도 손꼽아 기다리던 날이었다. 미리들 준비해 두었던 돈이 될 만한 물건을 머리에 이고 등에 짊어지고 장터로 걸음을 재촉했다. 가죽신을 만드는 갖바치도, 쇠를 달구어 연장을 만드는 대장장이도 학수고대하던 날이었다.

개갑장은 여느 장과 다른 점이 있었다. 우시장인 쇠전이었다. 도살장이나 남의 집으로 팔려 가는 음메 음메 울어대는 쇠전이 개갑장이었다.

조선시대 고창 지역엔 배가 드나드는 해상 포구가 많았다. 무장현에도 포구가 여러 곳에 있었는데, 석교포도 그 가운데 한 곳이다.

문헌에 따르면, 무장현 서쪽 15리에 있었다. 오늘의 석교리 창촌마을 근처다.

석교창 근처의 개갑장터는 법성포에서 가까운 거리였다. 그러다 보니 멀리 신안군의 섬에서도 배에 소를 싣고 개갑장터에 와서 팔았다. 이런 여건 덕분에 개갑장터는 조선 팔도에서 손꼽히는 쇠전으로 성장했다.

신유박해 때인 1801년 8월, 무장현의 양반 집안에서 태어난 천주교 신자 최여겸은 개갑장터에서 순교했다. 망나니의 칼에 목이 잘리는 참수형을 당했다. 고창과 영광 등 전라도 지역에 천주교 신앙의 씨앗을 뿌린 최여겸의 순교지인 개갑장터는 무장기포 발생지인 구수마을과 약 1km 정도 떨어져 있다.

19세기 초, 조선 팔도엔 천여 개의 장터가 있었다고 전한다. 그 가운데 5일장은 900곳 남짓이었다. 개갑장터도 그런 장터의 한 곳이었다. 여느 장터처럼 개갑장터도 물건을 사고파는 시장이자 이곳저곳에서 찾아온 사람들이 만나서 자연스럽게 세상 살아가는 얘기를 나누는 어울림과 정보 교환의 장소였다.

동학농민혁명 당시, 개갑장터는 무장기포의 배후지 역할을 했다. 농민군이 구수마을에서 기포를 할 적, 사람과 물자를 많이 댄 곳이 개갑장터였다. 무장기포 직전, 다수의 농민군은 개갑장터에 모여 있다가 구수마을로 이동했다고 전한다.

백성은 나라의 근본이다

이낙연의 길

일제 강점기, 개갑장터는 의병 활동의 거점이었다. 이 때문에 일제는 개갑장터를 강제로 폐쇄했다. 그 뒤 개갑장터는 역사의 뒤안길로 사라졌다.

무장기포의 배후지였던 개갑장터. 1994년 양력 4월 25일, 개갑장터에서 약 1km의 황톳길을 터벅터벅 걸어서 구수마을로 건너간 농민군의 심정은 어땠을까. 어쩌면 청송녹죽을 든 손은 떨렸을 테고, 부릅뜬 두 눈에서는 황톳빛 피눈물이 뚝뚝 떨어졌을 법하다.

바야흐로 지금의 형세는 예전보다 더욱 심하다. 위로는 공경대부 이하, 아래로는 방백수령에 이르기까지 국가의 위태로움은 생각지 아니하고 거의 자기 몸을 살찌우고 집을 윤택하게 하는 계책만을 몰두하여 벼슬아치를 뽑는 문을 재물 모으는 길로 만들고 과거 보는 장소를 사고파는 장터로 만들고 있다. 그래서 허다한 재물이나 뇌물이 국고에 들어가지 않고 도리어 사사로운 창고를 채운다. 나라에는 부채가 쌓여 있는데도 갚으려는 생각은 아니하고 교만과 사치와 음탕과 안일로 나날을 지새워 두려움과 거리낌이 없어서 온 나라는 어육이 되고 만백성은 도탄에 빠졌다. 진실로 수령들의 탐학 때문이다. 어찌 백성이 곤궁치 않으랴.

백성은 나라의 근본이다. 근본이 깎이면 나라가 잔약해지는 것은 뻔한 일이다. 그런데도 보국안민의 계책은 염두에 두지 않고 바깥으로는 고향집을 화려하게 지어 제 살길에만 골몰하면서 녹위만을 도둑질하니 어찌 옳게 되겠는가?

지금으로부터 126년 전 무장기포 때, 4천여 명의 농민군이 사랑하는 가족과 정든 고향을 등 뒤에 두고 목숨을 건 봉기에 나서며 외친 선전포고문의 일부다. '백성은 나라의 근본'이라는 농민군의 황톳빛 절규는 오늘도 구수마을과 개갑장터에 여음으로 남아 있는 듯한데, 진정으로 '국민이 나라의 주인'이라고 생각하는 위정자는 이 땅에 몇 명이나 있을거나.

이낙연의 길 …

동학혁명기념일 지정에 앞장선 이낙연, "사람을 하늘처럼 받드는 세상 만들어야"

126년 전인 1894년, 부패한 정치를 개혁하고 외세에 맞서기 위해 일어난 동학농민혁명. 이 혁명을 기리기 위한 동학혁명기념일은 5월 11일이다. 작년 2월 19일, 정부 기념일로 지정됐다.

그날, 정부 서울청사에서는 이낙연 국무총리 주재로 국무회의가 열렸다. 이 국무회의에서 동학농민혁명의 역사적 가치와 의미를 재조명하기 위해 동학 농민군이 전북 정읍시 황토현 전투에서 대승을 거둔 5월 11일을 기념일로 지정했다.

지난해 5월 11일, 서울 광화문 광장에서는 '제125주년 동학농민혁명 기념식'이 열렸다. 법정기념일로 지정된 뒤 첫 번째로 열린 기념식이었다. 이날 총리 이낙연의 기념사 요지다.

사람을 하늘처럼 받드는 세상을 만들고자 했던 의로운 혁명이 125

년 만에 비로소 합당한 인정을 받게 됐습니다.

　동학농민혁명은 우리의 반만년 역사에서 가장 오랫동안, 가장 넓은 지역에서, 가장 많은 피를 흘린 민중 항쟁입니다. 내용에서도, 규모에서도 서유럽의 근대 혁명에 결코 뒤지지 않습니다.

　동학농민혁명은 우리나라 최초의 반봉건 민주주의 운동이고, 우리나라 최초의 근대적 개혁 운동이며, 우리나라 최초의 반외세 민족주의 운동입니다.

　동학농민혁명은 부패한 지배 세력과 탐관오리들의 가렴주구를 없애고 양반과 상민, 상전과 노비, 남자와 여자의 차별이 없는 사회를 만들려 했습니다. 노비문서를 불태우고, 청상과부의 재혼을 인정하며, 토지를 균등하게 분작하도록 했습니다.

　동학 농민군은 경복궁을 무단 점거한 채 국정을 농단하고 이권을 차지하는 일본을 몰아내려 했습니다. 한양으로 진격하던 동학 농민군이 공주 우금치에서 관군·일본군 연합군에게 패배했지만, 그때 불붙은 민족의식은 일제 강점기로 이어졌습니다.

　동학농민혁명은 3·1 운동으로 이어졌고, 3·1 운동은 10년 후 광주학생독립운동으로 계승됐습니다. 광복 이후의 4·19 혁명도, 5·18 민주화운동도, 6월 항쟁도 동학 정신에 뿌리를 두었다고 믿습니다.

　2016년 겨울부터 이듬해 봄까지 계속된 촛불 혁명도 잘못된 권력을 백성이 바로잡는다는 동학 정신의 표출이었습니다. 125년 전 민중 항쟁 정신이 역사의 흐름을 타고 오늘날까지 계승됐습니다.

사람이 곧 하늘이라는 인내천(人乃天)의 동학사상은 민주주의의 근본 철학입니다. 문재인 정부도 '사람이 먼저'라는 믿음으로 모든 국정을 운영하고 있습니다.

황토현 전투를 계기로, 농민군의 혁명 열기는 크게 고양됐다. 동학농민혁명이 전국적으로 전개될 수 있는 중요한 동력을 마련했다.

총리 이낙연은 동학혁명기념일을 국가기념일로 지정하는 데 앞장섰다. '다시 피는 녹두꽃, 희망의 새 역사'라는 주제로 열린 첫 번째 기념식에서 "사람을 하늘처럼 받드는 세상을 만들고자 했던 의로운 혁명"이고 "사람이 곧 하늘이라는 인내천의 동학사상은 민주주의의 근본 철학"이라고 평가했다.

그러면서 "2016년 겨울부터 이듬해 봄까지 계속된 촛불 혁명도 잘못된 권력을 백성이 바로잡는다는 동학정신의 표출"이라며 "3.1운동으로 이어졌고, 3·1 운동은 10년 후 광주학생독립운동으로 계승됐다. 광복 이후의 4·19 혁명도, 5·18 민주화운동도, 6월 항쟁도 동학 정신에 뿌리를 두었다"라고 설명했다.

해마다 녹두꽃은 다시 핀다. 녹두꽃 필 무렵이면 동학의 후예 이낙연은 동학농민혁명의 정신을 되새기며 희망의 새 역사를 열기 위한 고심을 하지 않을거나.

황톳길 길섶의
잡초와 들꽃이
바람을 탓할까?

인간은 흙에서 태어나 흙으로 돌아간다. 흙은 생명의 모태요, 삶의 터전이며, 귀환의 보금자리다. 삼천리금수강산에 흙이 없는 땅이 어디 있겠는가만 특히 고창군의 흙은 명성이 자자하다. 질 좋은 황토여서다.

다른 민족도 그렇지만 우리 민족에게도 황토는 삶의 일부였다. 동굴 속에서 생활하면서 벽화를 그릴 때도, 초가삼간을 짓고 고래 등 같은 기와집을 지을 때도 황토를 썼다. 황토 옹기관에 육신을 맡겨 북망산천으로 떠났고, 황토탕과 황토물로 병든 몸을 고쳤다.

황토는 생명의 흙으로 여겼다. 그런 관습은 오늘날까지 이어진다. 살아 숨 쉰다는 황토 항아리에다 김치 등 발효식품을 숙성시키고, 찜질방과 침대에 황토를 쓴다. 약재에 황토를 넣기도 한다.

가도 가도 끝이 없는 전라도의 붉은 황톳길. 조선 팔도 어디엔들

검붉은 황토가 없겠는가만 전라도의 황토가 품고 있는 서정엔 특별한 구석이 있는가 보다.

목포 출신 김지하 시인의 시 〈황톳길〉. 1969년 발표된 시로 김 시인의 데뷔작이다. 민중의 눈으로 본 잔혹한 폭정의 역사에 대한 통찰과 분노를 그렸다. 박정희 정권의 군부 독재가 땅과 하늘을 슬프게 하던 시절, 시인은 황톳길로 민중의 애환을 읊었다.

황토는 압제의 식민지 시대에도, 폭정의 군부 독재 시절에도, 근근이 목숨을 부지하며 살아온 전라도 서민의 낯빛이다. 황토물은 수난의 역사를 견디며 흘린 전라도 민중의 피눈물이다. 황톳길은 청천 하늘에 날벼락이 치고, 무고하게 두 손을 묶은 철삿줄이 살 속으로 파고들어도, 걷고 또 걸어야 되는 전라도 민초의 인생길이다.

바야흐로 피 울음 울며, 가도 가도 끝이 없는 전라도 황톳길을 걷지 않아도 되는 시대가 도래했다. 이젠 전라도 황톳길에서는 청송녹죽을 휘두르는 농민군을 볼 수 없다. 핏빛 황토에 버려진 사잣밥을 주워서 허겁지겁 주린 배를 채우는 내 핏줄도 없다.

음울하고 황막했던 고난의 시대는 저물었다. 이즈음은 전라도의 한과 원을 말끔히 씻고, 해원상생의 황톳길을 닦을 때가 아닌가 싶다. 진양조의 긴 육자배기보단 자진모리 장단의 자진육자배기를 함께 부르면서 말이다.

황토에 태어나 황토로 돌아간 예전의 전라도 사람들은 세상을 탓하지 않았다. 황톳물 같은 피눈물 뚝뚝 떨어지는 처절한 삶을 살더라도 하늘을 원망하지 않았다. 황톳길은 자신을 희생하지 않으면 걸을 수 없는 길이기에 그랬다.

황톳길 길섶의 무명 잡초와 이름 없는 들꽃은 바람을 탓하지 않는다. 바람이 불지 않으면 내일의 희망과 행복을 찾는 꿈조차 꿀 수 없어서다.

이낙연의 길 …

황톳길에서 다시 부르는
풀꽃의 노래 '인동초'

　이해인 수녀의 시 가운데 〈풀꽃의 노래〉가 있다. 풀꽃은 야생화다. '풀꽃의 노래'는 '야생화의 노래'인 셈이다.
　풀꽃도 각각 제 이름이 있다. 그 고운 이름을 사람들이 알아주지 않아도, 바람이 데려다주는 곳 어디에서나 다시 새롭게 태어난다. 하고 싶은 모든 말은 아껴두고, 기다리고 노래하며, 기쁘게 산다. 기다리는 법과 노래하는 법은 오래전에 바람한테 배워 두었다. 더욱이 푸름에 물든 삶이 있기에 결코 두렵지 않다.
　시 〈풀꽃의 노래〉는 이낙연의 애송시 가운데 하나다. '내게도 고운 이름이 있음을, 사람들은 모르지만, 서운하지 않다'고 노래하는 이 시를 이낙연은 가끔 여러 사람 앞에서 애송한다. 논리와 이성으로 똘똘 뭉친 사람 같지만 이낙연의 감성은 풍부하다. 어쩌면 화가인 부인의 영향도 크리라.

이낙연은 2013년 11월, 강진신문 창간 15주년 기념식에서도 이 시를 낭송했다.

축사 도중에 제 애송시 한 구절을 인용해 말씀드렸습니다. (…) '풀꽃'은 야생화입니다. 야생화는 고운 이름을 가지고 있습니다. 그것을 사람들은 모릅니다. 그래도 서운하지 않다고 야생화는 말합니다. 사실은 쬐끔 서운하다는 뜻일 겁니다. 정말로 서운하지 않으면 "서운하지 않아"라고 말하지도 않는 법이니까요.

저는 '풀꽃'을 지방 사람으로 읽습니다. 지방 사람에게도 고운 꿈이, 소중한 삶이 있습니다. 그것을 세상은 잘 알아주지 않습니다. 그게 서운합니다. 지방의 언론과 지도자들이 함께 할 일이 여기 있습니다. 지방 사람들의 고운 꿈을, 소중한 삶을 언론과 지도자들이 알아주고 평가해 드립시다. 야생화 같은 지방 사람들의 이름을 불러 드리는 것입니다. 그들이 진심으로 서운하지 않게 (…).

야생화처럼 지방 사람도 고운 꿈이 있고, 소중한 삶이 있다. 세상은 잘 알아주지 않는다. 그것이 서운하겠지만 입으로 말하지 않는다. 그런 지방 사람을 중요하게 여겨야 된다고 '풀꽃'을 '지방 사람'으로 바꿔 축사를 한 것이다.

사람마다 애창곡이 있다. 애창곡엔 부르는 사람의 희망이나 애환도 담기기 마련이다. DJ가 즐겨 부른 애창곡은 이난영의 〈목포의 눈물〉이다. 〈선구자〉와 〈그리운 금강산〉 등 가곡도 좋아했다. 이난영은 DJ의 초등학교 선배였다.

〈목포의 눈물〉 2절엔 호남인들의 애환이 진하게 배어 있다. '삼백 년 원한 품은 노적봉 밑에/ 임 자취 완연하다 애달픈 정조/ 유달산 바람도 영산강을 안으니/ 임 그려 우는 마음 목포의 눈물'.

DJ는 이 노래를 애창하며 얼마나 울었을까. 〈목포의 눈물〉은 1930년대에 발표됐다. '300년 원한'은 300년 전 정유재란 때 노적봉을 쌓아 왜구를 속여 승전한 충무공을 연상시킨다. '님'은 '망해버린 조국'이다. 이런 사연을 알고 있었을 DJ. 〈목포의 눈물〉을 애창하며 그는 수도 없이 속울음을 삼켰으리라.

애창곡 〈목포의 눈물〉에 DJ의 애환이 구구절절 담겼듯 이낙연의 애송시 〈풀꽃의 노래〉에도 그의 애환이 담겼을 법하다.

시골 출신 이낙연도 이 땅의 야생화다. 영광의 황톳길 길섶에 핀 이름 모를 야생화였다. 바람은 그를 광주로, 서울로 데려갔다. 어느 곳에서든 그는 새롭게 태어났다. 하고 싶은 말들은 참으로 많았겠지만 이루 다 뱉을 수는 없었다. 21년 기자를 했지만 본인이 편집국장이 아니고 언론사 사주가 아닌데, 하고 싶은 말을 어찌 다 할 수 있으랴.

2000년 정치에 입문한 뒤에도 마찬가지다. 정당의 대표는 난생 처음 맡았다. 최장수 총리였다지만 총리 역시 대통령을 보좌하는 역이다. 물론 전남도지사는 다를 수 있다. 제 뜻을 충분히 펼 수 있는 자리였다. 하지만 그 역시 여러 지방의 한 목민관에 지나지 않았다. 그러니 하고 싶은 모든 말을 아껴 두었다. 그러면서 큰 정치 지도자로 여물었다.

DJ는 〈목포의 눈물〉을 부르며 대망을 품고 꿈꾸던 세상을 기다렸다. 이낙연은 〈풀꽃의 노래〉를 애송하며 대망의 그 날을 기다리고 있다. 바람으로부터 배운 기다리는 법으로, 마치 인동초처럼 말이다.

DJ는 삶과 죽음의 문턱을 숱하게 넘었다. 흔히들 그의 파란만장한 인생을 야생의 인동초에 비유한다. '인동(忍冬)', 풀이름 그대로 모진 겨울을 얇은 몇 개의 잎으로 견디는 약초다. '금은화(金銀花)'라고도 불리니 야생화이기도 하다. 꽃은 오뉴월에 핀다. 향기가 나는 연한 붉은 빛이 도는 백색의 꽃이 잎겨드랑이에 2개씩 피지만 점차 황색으로 변한다. 겨울까지 잎이 붙어 있다. 북풍한설에도 떨어지지 않고 시들지 않는다.

고난과 역경을 헤쳐 온 DJ. 언제부턴가 사람들은 DJ를 인동초로 여겼다. 망명, 현해탄 수장 위기, 연금, 사형 선고, 대선 낙선 등 역경을 거치며 DJ는 고난의 인생을 살았다. 그렇지만 모진 시련 속에서도 좌절하지 않았다. 생사의 기로에서도 일관된 정치 노선을 걸었다.

전남 장흥군 유치면 봉덕리. 길과 마을과 물을 내려다보는 산자락 끝에 '인동초 민주동지 기념비'가 있다. 2013년 11월 세워졌다. DJ를 모시고 민주화에 열정을 바친 이영권 전 국회의원과 동지들이 세운 것이다. 이낙연의 저서 『전남, 땀으로 적시다』엔 그 기념비 제막식에 대한 얘기도 실려 있다.

국가정보원과 국가보훈처, 심지어 군까지 대통령 선거에 개입하고 검찰과 경찰은 그 수사를 축소 왜곡할 기회만 노리는 듯한 지금의 대한민국이, 그들의 못난 작태를 속 시원히 바로잡지 못하고 무기력과 혼선을 내보이는 이 미련한 후배들이 '민주화 노병'들에게는 어떻게 비칠지, 무거운 마음으로 길을 내려왔습니다.
아시겠지만 '인동초'는 겨울을 이겨 내고 꽃을 피우는, 그래서 DJ를 상징하는 풀꽃입니다.

2013년 11월 15일의 일이다. 민주 동지들이 세운 인동초 기념비 제막식에 참석하려고 서울에서 내려간 국회의원 이낙연은 당시 정치 상황을 속 시원하게 바로잡지 못하는 자신을 민주화의 노병들이 어떻게 볼지 몰라 마음과 발걸음이 무거웠다. 미련하고 못난 자신의 얼굴을 백발이 성성한 노병들 앞에서 차마 들 수 없었다.
어쩌면 이낙연이 황톳길에서 다시 부르고 있는 〈풀꽃의 노래〉는

'인동초의 노래'이리라. 목 놓아 부르고 싶은 '인동초의 노래'를 어쩌면 속울음으로 부르고 있으리라. 그 옛날, 인동초 DJ가 〈목포의 눈물〉을 속울음으로 부르면서 꿈꾸던 세상을 수십 년 동안 준비했듯이 말이다.

광주 무등산길

광주일고 교가,
'무등산 아침 해같이 눈부신 우리의 이상'

광주제일고, 즉 광주일고는 야구의 명문으로도 유명하다. 스타 사관학교로 일컬어질 만큼 세계적인 야구 스타들을 많이 배출했다.

8·15 광복 4년 뒤인 1949년, 광주일고의 전신인 광주서중 야구부는 청룡기 정상에 올랐다. 당시의 주역은 김양중 선수. 광주 야구의 대부로 추앙을 받는다. 국가 대표 좌완 투수였던 김양중 선수는 광복 직후, 한국의 야구를 이끌었다. 야구의 불모지 호남에 야구 부흥의 불씨를 지폈다.

광주일고 야구의 전성기는 선동열 선수가 물꼬를 텄다. '무등산 폭격기' 선동열 선수는 광주일고를 거쳐 국보급 투수가 되었다. 일본으로 건너가 나고야의 태양으로 솟았다. '바람의 아들'이자 '야구 천재'인 이종범 선수는 1988년 청룡기 우승과 전국체전 우승을 이끌었다. 선동열 선수에 이어 일본으로 건너가 한국 야구의 진수를

보여 주었다. 메이저리거인 서재응, 김병현, 최희섭 등도 야구의 명문 광주일고 출신 스타들이다.

광주일고는 야구만 유명한 게 아니다. 하키도 명문이다. 1960년 창단된 광주일고 하키부는 1964년 전국체전 우승 이후, 우리나라 각종 하키 대회에서 좋은 성적을 거두었다.

1920년 개교 이래, 국가의 인재를 많이 배출한 광주일고. 오랜 역사와 전통을 자랑하는 광주일고는 호남의 명문고다. 4만여 명의 동문들도 그렇게 자부한다.

> 무등산 아침 해같이 눈부신 우리의 이상
> 극락평 강물과 함께 줄기찬 우리의 전통
> 보아라 높이 들린 정의의 등대
> 들어라 울려 나는 학문의 성종
> 민족혼이 깃든 영원한 이집
> 새 역사의 주인공들 자라나는
> 곧 열렸다 희망의 앞길 큰 포부 가슴에 찼다
> 일고는 이 나라의 힘 일고는 이 땅의 자랑

이은상 작사, 이흥렬 작곡의 광주일고 교가다. 광주일고의 상징과 교육 정신, 그리고 이상이 담겼다. '무등산 아침 해같이 눈부신 우리의 이상'과 '보아라 높이 들린 정의의 등대'라는 가사가 눈에 닿는다. 작곡가 이흥렬이 친일 음악인이어서 지난해 교가를 교체했다.

광주일고 역대 교사 중엔 1935년 전남 화순군에서 태어난 문병란 시인도 있다. 조선대 문리대 문학과를 졸업한 시인은 1966년 광주일고 국어교사로 부임했다. 1969년 조선대 국어교육과 전임강사로 가기 전까지 광주일고에 재직했다. '화염병 대신 시를 던진 한국의 저항시인' 문병란 시인은 '무등산의 등신대', '무등산의 파수꾼', '거리의 교사' 등으로 불렸다. 시인이 읊은 '무등산'의 서정은 다채롭다.

시인도 광주일고 재직 시, 어느 빛보다, 어느 꽃보다 눈이 부셔서 차마 눈을 뜨고 볼 수 없었던 무등산의 아침 해를 보았을 것이다. 그 느낌을 우렁차고도 뜨거운 가슴으로 삭혀서 삿되지 않은 무등산의 정신을 제자들에게 전했을 법하다.

'광주의 어머니' 무등산을 우러러보며 독재 정권에 맞섰던 호남의 대표 시인 문병란. 한평생 민주주의를 부르짖다가 국립5·18민주묘지에 묻힌 시인을 국어 선생님으로 모셨던 광주일고 제자들은 무등산의 눈부신 아침 해를 바라보며 가슴 속에 어떤 이상을 품었을까.

이낙연의 길 …

광주일고 45회 졸업생 이낙연이 품은
'무등산 아침 해같이 눈부신 이상'

광주일고 교훈은 "다하라 忠孝, 이어라 傳統, 길러라 實力"이다. 이 교훈을 돌에 새겨 교정에 탑처럼 세워 두었다. 학교 교사, 즉 건물 외벽엔 큼지막한 글씨로 "자랑스러운 一高人 - 다하라 忠孝, 이어라 傳統, 길러라 實力"이라고 새겨 놓았다.

광주서중과 그 역사를 함께해 온 광주일고는 2020년인 올해 개교 100주년을 맞았다. 1920년 5월, 전남의 지역 유지 50여 명이 광주군청 객사인 광산관에서 광주고등보통학교를 설립한 것이 그 역사와 전통의 시작점이다. 교가 가사처럼 광주일고는 민족혼이 깃듯 학문의 전당이다. 정의의 등댓불을 장장 100년 동안 꺼트리지 않고 지켜 왔다. 이 터는 수많은 새 역사의 주인공들을 다듬고 길러냈다. 충효를 다하고, 실력을 기르며 100년 전통을 이어 온 광주일고는 예전에도 그랬지만 앞으로도 이 나라의 힘이고, 이 땅의 자랑

이 될 것이다.

이낙연은 광주일고 45회다. 광주북중 출신인 그가 광주일고에 진학하게 된 사연이다. 2000년 7월 31일, 광주일고 동문 에세이집 『때론 치열하게 때론 나지막이』에 '선생님을 그리워하며'라는 제목으로 실린 글의 일부다.

광주북중(현재의 북성중) 1학년 때의 담임은 국어를 가르치신 정종선 선생님이셨다. 정 선생님은 한 달에 한 번꼴로 나를 자택에 불러서 밥을 먹여 주셨다. 그때 선생님 댁에서 먹었던 쇠고깃국과 고소한 김, 그리고 따뜻한 놋그릇은 지금도 잊을 수 없다. 선생님은 밥상에 나와 단둘이 앉아 나에게 이것저것을 먹게 하시고 인생에 보탬이 될 만한 많은 말씀을 해 주셨다. 선생님은 나의 가정 사정도 자주 물으셨다. 우리 집이 가난하다는 것을 아신 선생님은 내가 고향에 갈 때마다 "아버님께 갖다 드려라" 하시면서 김이나 쇠고기를 싸 주셨다.

광주북중 3학년 때 나는 깊은 고민에 빠졌다. 성적으로 보면 광주일고로 진학하고 싶었지만, 일고에서는 장학금을 받기가 어려웠다. 일고를 졸업한 뒤에 대학에 가려 해도, 아버지는 나를 대학에 보낼 만한 재산을 갖고 있지 못했다. 그래서 나는 광주고로 가겠다고 마음먹었다. 광주고에 가면 장학금을 받기가 쉬웠고, 광주고에서는 학비가 거의 들지 않는 육군사관학교에 많이 진학했기 때문이었다.

그러던 어느 날 선생님들이 나를 교무실로 불렀다. 3학년 때 담임 위 후량 선생님께서 '주동'이 되셨고 다른 선생님들이 동조하셨다. 정종선 선생님도 동조자의 한 분이셨다. 위 선생님은 나에게 "일고로 가거라" 하시면서 "학비 걱정은 말라"고 말씀하셨다. 내가 머뭇거리자 위 선생님은 "아버님을 학교에 모시고 오라"고 하셨다. 며칠 뒤에 나는 아버지를 모시고 교무실에 갔다. 위 선생님 등은 아버지에게 "낙연이 학비는 우리 선생님들이 모아서 댈 테니 낙연이를 일고에 보내 주십시오." 하고 요청하셨다. 아버지는 기분이 좋아지셨다. 아버지는 즉석에서 동의하셨다. 선생님들이 실제로 학비를 모아 주시지는 않았지만, 아버지나 나는 선생님들을 한 번도 원망하지 않았다.

이낙연의 고교 시절은 어땠을까. DJ정권 때, 청와대 정무수석을 지낸 조순용 수석은 이낙연과 중·고등학교 동창이고, 대학도 함께 다녔다. 이제이 작가의 『어록으로 본 이낙연』에서 인용한 내용이다.

집에 데리고 가면 부모님이 참 좋아하셨어요. 워낙 이 친구가 공부도 잘하고 소탈하고 착하니까요. 그 시절에는 매달 모의고사 같은 시험을 치고 나서 석차를 적어 방을 붙이듯이 공개했는데, 제 기억에 이낙연은 거의 1등이었어요. 늘 조용했지만, 신문을 읽고 친구들과 대화 중에 세상 돌아가는 얘기를 하기도 했어요.

고등학교 시절, 신문을 읽고 친구들과 세상 돌아가는 얘기를 했단다. 이낙연은 떡잎부터 남달랐나 보다. 광주일고 3학년 때 담임인 김정수 선생은 이렇게 회고했다. 김 선생은 이낙연이 2학년 때 국어를 가르쳤다. 역시『어록으로 본 이낙연』에서 인용했다.

공부를 잘하면서도 학생회장도 반장도 하지 않았지요. 그러나 친구들 사이에서 어떤 결정을 내려야 할 때 조용하게 설득하는 역할을 맡아왔던 걸로 기억합니다.

그때에도 참 논리정연했어요. 수업 중에 질문을 하면 핵심을 간파해서 놀랄 때가 많았습니다. 당시 국어 시험의 예문을 교과서에서만 낼 수가 없어서 잡지『사상계』등에 발표된 글 중에서 발췌해 시험 문제를 만들곤 했는데, 학생들은 그걸 어려워했거든요. 그런 문제도 이낙연은 잘 맞혔어요.

『사상계』는 장준하 선생이 1953년에 창간한 월간 종합 잡지다. 1950~1960년대 우리나라 최고의 지성들이 이 잡지에 글을 실었다. 그런 잡지도 고등학생 이낙연은 탐독했던 모양이다.

『어록으로 본 이낙연』에 따르면, 고교 시절 이낙연은 책 읽기와 글쓰기를 좋아했단다. 신문을 보고 사설을 베껴 적었고, 매일 일기를 썼다. 일기장이 쌓이면 광주에서 법성면 용덕리 집으로 들고 갔다.

7남매 중 셋째 아들 이계연 씨가 큰형 이낙연의 일기장을 우연히 보게 되었다.

'내 몫으로 한 방울의 피도 남기지 않겠다.'

형의 일기장에 이런 문장이 적혀 있었습니다. 처음에는 무슨 소리인가 했어요. 피 한 방울도 안 남을 만큼 치열하게 살겠다는 뜻이었겠지요. 그 나이에 어떻게 그런 생각을 했는지, 형은 십대부터 그렇게 온 힘을 다해 살았어요.

'내 몫으로 한 방울의 피도 남기지 않겠다'는 각오를 일기장에 적어 두었던 이낙연. 광주일고 동창 정호경 씨는 이런 추억도 전한다. 『어록으로 본 이낙연』에 실렸다.

1학년 때, 같은 반이었습니다. 시골 출신 여덟 명 정도가 '한길회'라는 클럽을 만들었어요. 방과 후에 교실에 앉아서 이런저런 토론도 하고 그랬지요.

한번은 앞으로 우리가 어떻게 살아야 하는가가 주제가 됐어요. 여러 얘기가 오고 갔지요. 그때 우리가 내린 결론은 이랬습니다.

"양심에 거리낌 없이 깨끗하고 정의롭게 살다가 죽을 때에 웃으면서 죽을 수 있다면 잘 산 인생 아니겠냐!"

아이들이 조숙하기도 했지만 학교 분위기가 그랬습니다. 학생탑의 영향이 컸고, 졸업한 뒤에도 학생탑에서 만나 이런 얘기를 나눴어요.

학생탑이란, 광주일고 교정에 있는 광주학생독립운동기념탑을 말한다.

광주일고 3학년 때 같은 반이었던 동창 조안석 씨는 이런 추억담을 전한다.

광주일고엔 광주서중 출신이 압도적으로 많았지요. 그다음 북중, 동중 출신들이 많았습니다.

1969년 2월 말에 3학년 반 편성이 되었습니다. 저는 낙연과 같은 반이 되었죠. 졸업은 이듬해인 1970년 2월 15일 했습니다. 3학년 때, 학생 수는 70명 정도였습니다. 문과가 3개 반, 이과가 5개 반이었습니다. 3학년 올라가면서 문과와 이과가 분리됐습니다.

제 기억에 낙연은 고등학교 1학년 때, 두각을 나타내지 못했습니다. 2학년 때부터 두각을 나타내더니 3학년 때는 거의 1·2등을 했습니다. 외유내강형이었습니다. 공부를 열심히 하지 않는 것 같은데, 성적은 항상 좋았습니다. 낙연은 가난하다 보니 과외를 받아 본 적이 없습니다. 독학으로 수위를 다퉜던 거죠. 아이큐가 굉장히 높았다고 느꼈습니다.

반장은 하지 않았는데, 아마 스스로 하지 않은 듯합니다. 집안이 곤란해서 도시락도 제대로 싸 오지 못했는데, 반장을 하고 싶어도 할 수가 없었을 겁니다.

고등학교 동창 중엔 광주에 집이 있는 부유한 친구들이 있었죠. 의사 집안도 있고, 고위 관료 집안도 있고, 사업하는 집안도 있었습니다. 그 친구들이 낙연을 집에 데려가곤 했습니다. 집에 데리고 가서 공부도 같이 하고, 저녁도 같이 먹었습니다.

낙연은 친구들 사이에서 신뢰가 아주 좋았습니다. 낙연이 어떤 얘기를 하면 친구들이 뭐든지 옳다고 인정했습니다. 반장은 아니었지만 낙연은 학급을 끌고 갔습니다. 스스로 모범을 보였습니다. 공부도 그랬고, 언행도 그랬습니다.

그 당시 교실 청소는 저희 학생들이 했습니다. 수업이 끝나고 책상을 앞뒤로 밀어 놓고 청소를 했죠. 매일 한 것은 아니지만 물걸레 청소도 했는데, 양동이에 물을 떠다 놓고 물걸레로 나무마루였던 교실 바닥을 닦았습니다. 교실은 2층에 있었는데, 껄렁한 친구들은 청소를 안 했습니다. 교실 청소는 낙연과 몇몇 친구들이 맡았습니다. 유리창 닦는 일도 낙연과 몇몇 친구가 담당했지요.

당시 교가는 '무등산 아침 해같이 눈부신 우리의 이상'으로 시작됐습니다. 학교 교정에서 딱 보면, 무등산이 보입니다. 지금은 빌딩에 가려 보이지 않지만요. 재학 시절, 매주 월요일마다 학교 운동장에서 전체 조회를 했습니다. 교장 선생님이 교단에 올라가서 훈시도 했지요. 광주일고를 졸업한 뒤 국제적으로 이름을 떨친 분들이 고향을 방문하면 교장 선생님이 그분들을 소개했습니다. 운동장에서 보면 저 멀리 교정 위로 무등산이 보였습니다. 3월 중순 정도까지 무등산 봉우리엔 눈이 덮였습니다.

당시 낙연은 자취를 했습니다. 방학 때, 영광에 가면 쌀 한가마니를 짊어지고 광주로 왔습니다. 그걸로 한 학기를 견뎠던 겁니다. 자취방엔 반찬도 거의 없었습니다. 간장 같은 것밖에요. 학교에 도시락을 싸 오는 것조차 어려웠습니다. 낙연의 고교 3년은 그랬다고 기억합니다.

고등학교 3학년 때 담임인 김정수 선생님, 국어 선생님이셨는데, 낙연을 훌륭한 학생이라고 극찬했습니다. 선생님은 낙연의 자취방에 가끔 들렀습니다. 어려운 환경에서 이 친구가 공부를 잘하는지 살펴봤습니다. 전교 1등이니 선생님도 자랑스러워했습니다. 저녁이면 낙연의 자취방에 들러 "공부는 열심히 하냐?", "저녁은 먹었냐?"고 물었습니다. 낙연의 자취방은 학교에서 멀지 않았습니다. 광주일고도 당시엔 변두리였지요. 낙연이 자취하는 집은 허름했고, 임대료는 쌌습니다. 길은 질퍽질퍽한데, 그런 곳에 세를 얻어 낙연은 자취를 했습니다. 자취방은 골목길 안쪽 창문가에 있었습니다.

저희 때, 대학 입시 과목은 국어, 영어, 수학, 과학 등이었습니다. 예비고사를 보고 본고사를 봤죠. 저희 광주일고 동기는 서울대에 100여 명 들어갔습니다. 재수생과 삼수생을 포함하자면 그렇습니다.

교실 청소 문제에 대한 광주일고 3학년 담임 김정수 선생의 기억은 이렇다.

청소 검사하러 교실에 가보면 당번들이 다 도망가고 혼자 남아서 청소를 하던 친구가 있어요. 이낙연 혼자서 책상 옮기고 빗자루질을 하는 겁니다. "왜 너 혼자냐?" 하면 "저라도 해야지요"라고 특유의 저음으로 얘기하면서 청소를 해요.

담임 김정수 선생은 이낙연을 포함한 몇몇 제자를 간간이 집으로 불러서 고기를 먹였다. 김 선생은 제자들에게 늘 미안함을 전했다.
"너희들 나이엔 잘 먹어야 하는데 내가 가난해서 이것밖에 못 준다."
지난 2000년, 이낙연이 4·13 총선에 출마하자 과천에 살던 김정수 선생은 전남 영광까지 내려왔다. 얇지만 따뜻한 봉투를 제자 이낙연에게 놓고 갔다.
학교 교정에서 무등산을 보며 '무등산 아침 해 같은 눈부신 이상'

을 품었을 이낙연. 그의 꿈은 무등산의 아침 해를 보며 여물었을 것이다. 보다 높은 내일을 위해 하루하루를 보람차게 살며 무한한 잠재력을 축적하려고 순간을 불태웠을 것이다.

"남을 이끌 자는 먼저 자신을 다스린다"라는 말이 있다. 대선 가도에 나설 사람이라면, 스스로를 돌아보며 몸가짐을 가다듬고 활짝 열린 가슴으로 세상을 보듬어야 한다.

학창 시절, 이낙연은 눈부신 이상을 가슴에 품었다. 그러면서도 동기들을 위해 희생하고 헌신했다. 어쩌면 이낙연은 어린 떡잎 때, '이상의 길은 멀고, 현실의 짐은 무겁다'는 걸 깨달은 모양이다. 그래서인지 오늘도 이낙연은 하늘에 닿을 이상을 좇으면서도, 땅에 닿아 있는 발걸음은 겸허하게 내딛는다.

광주학생독립운동의 정신,
'오직 바른길만이 우리의 생명이다'

"우리는 피 끓는 학생이다. 오직 바른길만이 우리의 생명이다."

광주광역시 북구 독립로의 광주일고 교정에 세워져 있는 광주학생독립운동기념탑에 새겨진 문장이다. 이 기념탑은 1953년 6·25 한국전쟁 직후 세우기 시작했다. 동문들이 주도해 전국적인 모금운동을 통해 1954년에 완공했다.

광주일고 교정엔 광주학생독립운동을 기념하는 역사관도 있다. 1997년에 건립됐다. 광주일고가 선배들의 학생독립운동 정신과 전통을 후배들에게 전하려고 세웠다.

광주일고엔 특별한 전통이 있다. 11월 3일 학생독립운동기념일, 그리고 매년 입학식 날, 이 기념탑을 참배하는 전통이다. 코로나19로 입학식이 늦어진 금년엔 등교 개학 첫날인 6월 3일, 신입생 231명이 기념탑을 참배했다.

한 신입생은 "민족과 정의를 위해 피 흘려 싸운 선배들 덕분에 오늘의 우리가 있다고 생각한다"며, "우리는 피 끓는 학생이고 오직 바른길만이 우리의 생명이라는 선배들의 정신을 명심해 정의롭고 실력 있는 일고인이 되겠다"고 말했다. 〈연합뉴스〉가 6월 3일자에 보도했다.

일제의 삼엄한 총칼 앞에 죽음을 무릅쓰고 일어섰던 1919년 3월 1일 운동과 마찬가지로 1929년 11월 3일 광주학생독립운동의 불길이 치솟던 날, 민족정기의 맥박이 파도처럼 다시 출렁이던 날, 놈들의 간담을 서늘하게 했던 그 불굴의 기상은 이 겨레 젊은이들의 가슴에 영원히 살아, 자유·평화·정의의 불꽃으로 타오를 것이다.
여기 학생독립운동의 요람인 광주시에 경건함과 자랑스러움으로 이 기념관을 세워 그날 꽃같이 쓰러져 간 학생들의 불멸의 함성을 겨레의 심령에 메아리치게 할 것이다.

광주학생독립운동기념관에 새겨진 글이다. 광주학생독립운동기념관은 광주광역시 서구에 있다. 1967년 동구에 세워졌던 광주학생독립운동기념회관의 공간이 협소하고 노후해서 2005년 11월 30일, 서구로 이전해 광주학생독립운동기념관이라는 이름으로 개관했다. 이듬해인 2006년 5월 18일, 국가보훈처로부터 현충 시설

로 지정받았다.

광주학생독립운동은 1929년 10월 30일 촉발되었다. 광주에서 나주로 통학하는 열차에서 일본인 남학생들이 광주 여고생들의 댕기머리를 잡아당기며 성적으로 희롱했다. 그 광경을 지켜본 남학생 중엔 피해 여학생의 피붙이도 있었다. 일본 남학생들과 한국 남학생들 간에 충돌이 벌어졌다. 현장에 출동한 역전 파출소 순사들은 일본 남학생들의 편을 들면서 한국 남학생들을 구타했다. 이후, 유혈 충돌이 벌어졌다.

그해 11월 3일, 광주역에서는 광주의 남자 고등학생이 일본 중학생의 단검에 찔려 코와 얼굴에 깊은 상처를 입었다. 이에 한국인 학생들이 분개하여 들고일어났다. 일본 천황의 생일인 그날, 광주에서는 대규모 시위가 벌어졌다.

이듬해 3월, 조선 팔도의 학생들이 분연히 떨치고 일어났다. 전국 각지의 수많은 학교에서 5만 4천여 명의 학생들이 목숨을 걸고 일제의 탄압에 항거하는 시위를 벌였다. 1919년 3·1 운동 이후의 최대 민족 저항이었다. 그해 일제에 검거된 학생은 수천 명, 구속된 학생은 수백 명이었다.

이런 역사가 있어 광주학생독립운동은 3·1 운동, 그리고 1926년 순종의 인산일에 거행된 6·10 만세운동과 함께 일제 강점기 국내에서 벌인 3대 독립운동의 하나로 인정받았다.

이낙연의 길 …

이낙연의 가슴에
두고두고 살아 숨 쉴
"오직 바른길만이 우리의 생명이다"

2018년 11월 3일, 광주 국립아시아문화전당에서 '제89주년 학생독립운동 기념식'이 열렸다. 그해 기념식은 보훈처가 주관하는 첫 정부 행사였다. 그 이전까지는 지방 교육청이 주관했다. 첫 정부 행사로 열린 '제89주년 학생독립운동 기념식'의 주제는 '학생이 지켜 온 정의, 그 위대한 역사의 시작'이었다.

작년 11월 3일에 열린 '제90주년 학생독립운동 기념식'에도 총리 이낙연이 참석했다. 기념사에 나선 이낙연은 "학생독립운동은 오랫동안 정당한 평가를 받지 못했다. 학생의 날로 낮춰 부르거나 국가기념일을 폐지한 적도 있다. 그러다가 2018년에야 학생독립운동의 위상이 제자리를 찾았고, 문재인 정부는 기념행사를 중앙정부가 주관하도록 했다"고 말했다.

2018년 기념식 때 이낙연의 기념사 일부다

학생독립운동의 진원지이자 저의 모교인 광주일고 교정에는 광주학생독립운동기념탑이 자랑스럽게 서 있습니다.

기념탑에는 이렇게 새겨져 있습니다.

'우리는 피 끓는 학생이다. 오직 바른길만이 우리의 생명이다'

저는 이제 피 끓는 학생은 아닙니다. 그러나 기념탑의 그 글귀는 학생 때와 똑같이 지금도 심장에서 뛰고 있습니다. 세월이 더 흘러도 그 스물네 글자는 두고두고 제 가슴에 살아 숨 쉴 것입니다.

이낙연은 2018년과 2019년 기념식에 참석해 광주학생독립운동기념관 내 기념탑에 참배하며 방명록을 썼다. 2018년 기념식 때는 방명록에 '오직 바른길만이 우리의 생명이다. 제 영혼의 원점입니다'라고 적었다.

광주일고 교정에 세워진 광주학생독립운동기념탑은 이낙연의 영혼 원점이다. 인생 원점은 외로웠으나 외로운지 몰랐던 시절을 보낸 고향의 삼덕초 교정이다.

지난 2017년, 이낙연이 광주일고 동창회보에 기고한 글을 통해 모교의 광주학생독립운동기념탑이 '영혼의 원점'이 된 사연을 헤아려 본다.

'우리는 피 끓는 학생이다. 오직 바른 길만이 우리의 생명이다.'

시골에서 자란 남루한 소년에게 학생탑의 이 '소리 없는 함성'은 다 시없는 위안이고 꿈이 돼 주었습니다. 외롭고 배고팠던 시골뜨기 소년은 학생탑의 이 외침으로 위안 받았고, 도리어 큰 꿈을 꿀 수 있었습니다. 학생탑의 짧은 외침은 생애에 걸쳐 가장 큰 스승이 됐습니다.

광주일고 동창 조안석 씨는 이렇게 말한다.

광주일고 출신들은 학생탑의 문구를 보며 고교 시절을 보냈습니다. 가끔 광주일고 동문들은 농담으로 이런 말을 합니다.
"우리 동문들이 출세를 많이 못한 이유는 바른길만 찾아 다녀서 그런다!"
낙연도 평생 생명과도 같은 바른길만 걸었던 측에 속합니다. 여전히 그런 타입인데, 그는 앞으로도 그 어떤 세파가 몰아쳐도 오직 바른길을 생명처럼 여길 것입니다.

서울 청운의 길

서울대 민주 정신,
'상아탑은 진리의 탐구자요,
정의의 수호자다'

1960년 3월 15일, 이승만의 자유당 정권은 대대적인 선거 부정을 저질렀다. 제4대 대통령 선거와 제5대 부통령 선거에서 부정을 자행한 것이다. 일명 '3·15 부정선거'다.

그해 4월 초, 전국 각지에서는 3·15 부정선거를 규탄하는 여론이 들끓었다. 마산 앞바다에서는 죽은 채 버려진 16세 고등학생의 시신이 발견됐다. 전북 남원 출신의 김주열 열사다. 그해 마산상고에 갓 입학한 김 열사가 규탄 시위에 참가했다가 실종된 뒤, 4월 11일 바다 위로 떠올랐다. 눈엔 최루탄이 박혀 있었다. 김주열 열사의 시신을 유기한 집단이 경찰로 밝혀지면서 학생과 시민의 분노가 폭발했다. 김 열사는 4·19 혁명의 도화선에 불을 댕긴 인물이다.

4월 19일 아침, 거리로 뛰쳐나온 학생들이 오늘의 대학로로 내몰렸다. 그때 동숭동에 있던 서울대학교 교정에서 학생들이 교문

밖으로 뛰쳐나왔다. 각 단과대학별로 상아의 진리탑을 박차고 거리로 나선 것이다. 이날 시위에 나선 서울대 학생은 3천여 명이었다. 서울대 학생을 포함한 3만여 명의 시위대는 경찰 저지선을 뚫고 국회의사당이 있던 태평로에 나갔다. 당시 국회는 여의도가 아닌 도심에 있었다.

국회의사당 앞에 모인 시위대엔 문리대 수학과에 재학 중이던 김치호 열사도 있었다. 58학번인 김 열사는 당시 3학년이었다. 김 열사는 그날 오전, 경찰에 붙잡힌 뒤 연행돼 심하게 구타당했다. 이후, 김 열사는 독재 정권 타도를 외치며 시위대와 함께 대통령 관저인 경무대까지 진출을 시도했다. 경찰은 조준 사격을 했다. 김 열사도 그때 많은 학생들과 함께 쓰러졌다. 그날 희생된 100여 명의 사람들 중 서울대 학생은 총 6명이다.

'피의 화요일'인 4월 19일이 지난 뒤, 서울대 교수들이 궐기했다. 1960년 4월 25일 오후, '각 대학 교수단 - 학생의 피에 보답하라'라고 쓴 플래카드를 앞세우고 서울대 교수들이 동숭동 교문을 나섰다. 전국 여러 대학의 교수들도 함께했다.

서울대 교수들이 앞장선 전국 대학 교수들의 시국선언은 우리나라 역사상 처음으로, 아래로부터 일어난 정치적 변혁인 4·19 혁명을 완수하는 데 결정적인 역할을 했다. 계엄령이 내려진 시국에서 교수들이 시국선언문을 낭독하고 거리로 나서자 숨을 죽이고 있던 시민과 학생들이 거리로 쏟아져 나왔다. 다음날인 4월 26일까지 대규모 시위는 계속되었고, 시위대가 경무대 앞까지 몰려가 압박하자 오전 10시 30분, 이승만은 하야하겠다는 성명을 발표했다.

4·19혁명 이듬해인 1961년, 서울대 문리대 캠퍼스 양지바른 터엔 '사월학생혁명기념탑'이 세워졌다. 문리대 학생 등이 성금을 모아 4·19 혁명 때 희생된 서울대학교 재학생 6명의 넋을 기리고 그날의 함성을 기억하려고 건립했다. 비문엔 '상아탑은 진리의 탐구자요, 정의의 수호자다'라고 적었다. 역사에 민주주의와 자유의 씨를 뿌린 문리대 3학년 김치호 열사가 남긴 말이라고 알려져 있다.

서울대 학생운동의 정신이 깃든 사월학생혁명기념탑은 1975년 종로구 동숭동에서 관악산으로 옮겨졌다. 동숭동 서울대 캠퍼스가 관악산 기슭으로 이전하면서다.

이낙연의 길 …

남루한 청춘이 부른 육자배기
'꿈아, 꿈아, 무정한 꿈아!'

서울대 법대 70학번 이낙연은 창신동 달동네에서 청운의 길을 걷기 시작했다. 광주에 이은 제2의 유학 생활 역시 굶주림의 연속이었다. 궁상맞은 청춘이 등을 기댈 곳은 선배 하숙집이나 친구의 자취방이었다. 종로 일대의 독서실도 포근한 둥지였다.

광주일고 동창 조안석 씨의 회고에 따르면, 이낙연의 키는 대학 1학년 때 10~15cm가량 자랐다. 입주 가정교사를 하면서 끼니를 잘 챙겨 먹은 덕분이었다. 입주 가정교사 자리를 잃은 뒤, 이낙연의 배고픔은 다시 시작되었다. 대학 4학년 때, 그의 체중은 50kg 아래로 떨어질 정도였다. 이낙연은 그때 자신의 모습이 '시신' 같았다고 회고한다. 카투사로 입대한 뒤, 몸에 살이 붙었다. 10대 이후, 상체를 벗었을 때 갈비뼈가 보이지 않은 건 그때가 처음이었다.

박정희의 군사 독재가 극으로 치닫던 시절, 동숭동의 서울대 역

시 바람 잘 날이 없었다. 최루탄 가스가 캠퍼스 안으로 날아들더니 유신 쿠데타를 앞두고는 군인들이 캠퍼스 안까지 들어와서 학생들을 연행했다. 다른 법대생들처럼, 이낙연도 시위대 중간쯤에 섰다. 경찰서에 끌려가면 사법시험 합격에 장애가 될 수 있어서다.

광주일고 동창이자 서울대 법대 동기인 학담 스님은 1971년 대학교 2학년 때, 이낙연과 한방에서 하숙하던 얘기를 이렇게 전한다. 『어록으로 본 이낙연』에 실린 내용이다.

그 시기 사회는 3선 개헌에서 유신 체제로 넘어가는 혼란기였습니다. 개인적으로는 갑작스러운 출가로 주변의 가족과 지인들에게 큰 충격을 안겨 주었던 시기였습니다.

당시 나는 출가 이후 가족과도 대화가 끊기고 휴교령으로 산사에 머물다가 학업 지속의 문제로 상경해서, 절집 은사와도 소원해진 때였습니다. 승복을 걸친 나와 한방에서 지낸 이낙연은 나에게 그냥 벗이 아니라 고립무원의 정신적 상황에서 그늘이고 다리였습니다.

몸은 멀리 있어도 뜻이 같은 자를 동지라 하던가요. 나는 이낙연을 미래 역사의 꿈을 같이할 동지라 생각했습니다.

법학도인 이낙연과 학담 스님은 스스로 자문했을 법하다.
"법은 무엇이란 말인가? 정의란 무엇인가? 나는 누구고, 무엇을 위해 사는가?"

돌아오는 건 절망뿐이었으리라. 그래서 법학도이던 학담 스님도 출가를 하지 않았을까.

길이 보이지 않고, 등짝에 착 달라붙은 창자의 허기를 더 이상 참을 수 없어 이낙연은 법대 4학년 졸업을 앞두고 입대를 한 모양이다. 서울대 법대 동기인 정경택 변호사에 따르면, 이낙연이 군대를 간다고 하자 법대 동기들은 깜짝 놀랐단다. 보통은 사법시험 끝날 때까지 영장이 나와도 연기를 했다. 그것이 허용되던 시절이었다. 당시 연기를 하지 않고 군에 입대하는 법학도는 아주 바보이거나, 독특한 철학이 있거나 둘 중 하나로 여겼단다. 군 입대는 이낙연의 현실적인 선택이었지만 '억울한 사람들을 돕는 변호사가 되겠다'던 청운의 꿈은 더 먼 곳으로 달아났다.

1976년 만기 제대 후, 이낙연은 암담한 현실에 맞닥뜨렸다. 꿈은 여전한데, 청운의 길은 희미하게 보였다.

이제이 작가의 『어록으로 본 이낙연』은 그 당시의 처지를 이렇게 설명한다.

막막해 하는 이낙연에게 한 친구가 월급 반을 떼어 줄 테니 공부하라고 후원을 자처했지만, 마음이 불편했다. 친구에게 신세지는 게 괴로웠고 동생이 다섯이나 있는데 나 몰라라 할 수 없었다. 고민 끝에 이낙연은 친구에게 고맙다는 말을 전하며 7개월 만에 변호사의 꿈을 접었다.

이후에 마음의 상처는 제법 깊었던가 보다. 사법고시와 행정고시에 한 차례씩 도전했지만 낙방했는데, 이후로 그는 시험에서 떨어지는 꿈을 20년 넘게 꾸었다고 한다.

2017년 총리 인사 청문회 때 이낙연은 이렇게 회고했다.

나름으로는 악전고투하면서 최선을 다했다고 자부하지만 지나고 보면 어디 내놓을 만한 자랑스러운 궤적은 별로 없는 것 같고 그런 전체를 누추하다고 느꼈습니다. 문자 그대로 남루한 청춘이었습니다.

창신동 달동네에 청춘이 흘린 한숨 소리를 묻어 둔 이낙연. 눈물도 한숨도 나 홀로 씹어 삼키며 서울 밤거리의 뒷골목을 전전했겠지만 그래도 청춘의 길에 남겨 둔 궤적도 있단다. 광주일고 동창인 조안석 씨의 회고다.

대학교 1학년 때, 낙연과 저는 광주학생독립운동을 기념하고 그 정신을 선양하기 위한 모임에 참가했습니다. 학교에서는 계속 데모만 하고, 3선 개헌으로 집권을 연장한 박정희가 종신 집권을 하기 위해서 유신 개헌을 한다는 소문이 돌자 서울로 유학을 온 광주일고 동문들이 모였습니다. 광주학생독립운동 기념사업회가 결성됐습니다. 광주일고 1년 선배로 참여정부 때 대통령비서실 인사수석비서관을 지낸 정찬용 선배가 총대를 멨습니다.

동숭동의 서울대 광주일고 동문과 종암동의 고대 광주일고 동문 등이 뭉쳤습니다. 낙연 등 저희 45회는 홍보 책자도 만들고, 동문 선배들을 찾아가서 모금 운동도 했습니다. 학생운동이야 개별적으로 했겠지만 광주학생독립운동 기념사업회 활동은 그렇게 동참했습니다.

낙연과 저를 포함한 광주일고 45회도 함께 한 그 활동은 훗날 광주학생독립운동 기념일인 11월 3일을, 정부가 '학생독립운동기념일'로 지정하는 데 밑거름이 됐습니다.

대학 2학년 때부터 하숙비 낼 돈도 없어 사법시험에 몰두하기 쉽지 않았던 이낙연. 청운의 꿈은 이루지 못했지만 매 순간 최선을 다하며 여기까지 걸어왔다. 모교인 서울대의 민주 정신을 되새기며 진리를 탐구하고 정의를 수호하려 나름 노력했다. 그래서 고단했지만 그의 인생길엔 수많은 궤적이 남아 있다. 자세히 들여다보지 않으면 보이지 않는 뚜렷한 궤적이 적잖게 새겨져 있다.

낙산 청룡사,
세종대왕의 우국이세 정신 깃들다

한양 도성의 주산은 북악산이다. 경복궁의 뒷산이었던 북악산 기슭에 지금은 청와대가 터를 잡고 있다.

좌청룡인 낙산은 인왕산처럼 돌산이긴 하나 제아무리 화가 치밀어도 붉으락푸르락한 낯빛을 결코 보이지 않을 산이다. 설령 화가 난 얼굴을 보이더라도 산세가 왜소한데다 산맥의 길이가 길지 않아 우백호인 인왕산과 같은 기운이 느껴지지 않는 소박하고 아담한 산이다. 높이는 125m다.

낙산은 높이가 낮지만 품은 넉넉하고, 길은 부드럽고 순하다. 풍광이 뛰어나 그 옛날 한양 도성의 명승지였다. 동촌(東村)이라 불렸던 낙산 아래는 특히 흰 계곡의 물이 맑고 소나무가 아름다웠다. 한 폭의 그림 같은 화강암 돌산에다 여러 왕족과 문인들이 터를 잡고 살았다. 계곡 근처에 정자를 짓고 산 사람도 있었다.

8·15 광복 후 이승만은 낙산 이화장에서 남한 단독 정부 수립을 준비했다. 낙산 아래에 서울대 전신인 경성제국대학이 들어선 것은 일제 강점기인 1924년의 일이다. 낙산엔 '청룡사(靑龍寺)'라는 절도 있다. 한양 도성의 좌청룡인 낙산에 세운 사찰이어서 이름을 그렇게 지었단다.

세종대왕의 손자이자 세조의 조카인 단종의 왕비는 정순왕후 송씨다. 단종이 영월로 유배되자 정순왕후도 궁궐에서 나왔다. 단종은 한양을 떠나기 전날, 청룡사에서 정순왕후와 생애 마지막 밤을 보내게 된다. 두 사람이 묵은 전각은 '우화루(雨花樓)'다. '꽃이 비처럼 흩날리는 누각'이라는 뜻이다. 이 전각에서 정순왕후와 이승의 마지막 밤을 보낸 단종은 이튿날 단장의 길을 떠났다. 그 뒤 정순왕후는 청룡사에 머물며 낙산 동망봉(東望峯)에 올라 영월이 있는 동쪽 하늘을 바라보며 울었다. 그 세월이 자그마치 64년이다.

숭유억불 정책이 한창이던 조선시대 초기, 청룡사의 범종 소리가 궁궐의 높은 담을 넘어갈 수 있었던 배경은 여러 갈래에서 찾아볼 수 있으리라. 눈물을 훔치며 궁궐 문을 나선 궁중의 여성들이 줄지어 청룡사로 향하고, 불가에 귀의해 죽는 날까지 청룡사에 머물 수 있었던 것은 군왕의 허락이나 묵인이 없으면 가당치 않은 일이다. 그것도 궁궐 근처인 낙산에서 말이다.

불심이 강했던 세종대왕은 신하들의 극렬한 반대에도 불교를 보호했다. 한글 창제 과정에서는 스님인 신미대사의 도움을 받았다. 신미대사는 수양대군, 즉 세조와도 인연이 깊었다. 세종대왕과 세조의 후원을 받아 신미대사는 한자로 된 불경을 한글로 번역해서 훈민정음 보급과 대중화에 기여했다. 고려시대에 창건되었다는 청룡사가 오늘날까지 현존하는 데는 세종대왕의 독실한 불심도 한몫하였으리라.

한편, 세종대왕은 도성 안의 다른 산보다 높이가 낮은 낙산의 성벽 관리에 신경을 썼다. 한양 도성을 처음 쌓기 시작한 태조 이성계는 평지엔 흙으로 토성을 쌓았다. 세종대왕은 개축을 하면서 평지의 토성도 석성으로 바꾸었다. 오늘날까지 일부가 남아 있는 낙산의 성벽을 보면, 태조 때 쌓은 석성과 세종 때 쌓은 석성이 조금 다르다. 세종 때 쌓은 석성의 돌은 태조 때보다 더 정성스럽게 다듬어졌다. 성벽 전체의 구조도 더욱 견고하다.

아무튼 세종대왕은 한글 창제에 공헌한 신미대사에게 존호를 내렸다. 약칭 '우국이세(祐國利世)'다. '나라를 돕고 세상을 이롭게 한 사람'이라는 뜻이다.

단종은 세종대왕의 손자이고, 세조는 세종대왕의 아들이며, 정순왕후는 세종대왕의 손자며느리다. 정순왕후 송 씨의 한 맺힌 망부가(望夫歌)'에도 세종대왕의 우국이세 정신이 스몄을지 모를 일이다. 애처로운 장탄식이 길게 흐르는 천추의 한이 묻은 채로.

이낙연의 길 …

이낙연의 좌우명 '근청원견(近聽遠見)',
"가까이 듣고 멀리 보겠습니다"

지난 2014년, 4선 국회의원인 이낙연은 전남도지사에 도전했다. 전라도가 고향이고, 고향에서 국회의원을 몇 번 한 사람이니 도지사는 떼 놓은 당상 아니었겠냐고 말할 수 있다. 그런데 실상은 그렇지 않았다.

당시 이낙연이 당내 경선에서 거의 졌다고들 예측했다. 본인은 물론 보좌관들도 초인적인 선거 운동을 했다. 고달픈 그 선거전에서 이낙연은 울기도 했단다.

당시 돈이 없어서 광주 시내 싸구려 원룸에서 지냈습니다. 겨울에 곰팡이가 슨 바지를 입으면 그게 피부에 달라붙었습니다. 안 그래도 곰팡이 같은 내 인생, 여론 조사에서 졌고 현장 투표에서도 무지하게 불리했죠.

결국 현장 연설에서 뒤집었어요.

"여러분, 저는 의원도 사퇴했습니다. 제가 집에 가서 놀 것인가. 일을 좀 할 것인가. 여러분에게 달렸습니다. 여러분이 시키는 대로 할랍니다."

이렇게 말했습니다.

결과가 뒤집혔다. 전국 최고 득표율까지 기록하며 대반전을 이끌어 냈다. 당선 소감을 밝혔다. 향후 도정에 임하는 자세를 낮은 목소리로 말했다.

좌우명이 근청원견(近聽遠見)입니다. 그렇습니다. 가까이 듣고 멀리 본다는 뜻입니다.

도민 여러분의 말씀을 가까이 듣고, 그 말씀을 정책에 반영할 때는 멀리 보면서 하겠습니다. 무슨 일을 하건, 근청원견의 자세로 하겠습니다.

당선 첫날의 마음이 임기 내내 이어지도록 저 자신을 채찍질 하겠습니다.

이낙연은 가까이 듣기 위해 이전보다 더 자주 현장을 찾았다. 그러면서 당선 첫날의 마음이 임기 내내 이어지도록 자신을 채찍질했다. 가까이서 도민의 말을 귀담아듣고 멀리 보면서 정책을 세웠다.

이낙연은 도지사였지만 공무원들 사이에서 그는 '이 주사'로 불렸다. '주사'는 실무를 챙기고 현장에서 주로 일하는 6급 공무원이다. 그가 6급 주사처럼 꼼꼼하게 현장을 돌며 챙겼다는 의미다.
  2014년 전남 도지사 선거를 앞두고, 이낙연은 『전남, 땀으로 적시다』라는 저서를 펴냈다. 600일 동안 발로 뛰며 전남 구석구석을 살핀 내용을 담았다. 그 책 서문의 첫 대목이다.

  저는 사람을 만나 삶의 이야기를 듣는 일이 좋습니다. 농어민, 노동자, 사무직, 상인, 자영업자, 기업인, 노인, 장애인…, 누구든 상관없습니다. 그분들의 삶에 얽힌 얘기를 듣는 것이 저에게는 가장 좋은 공부가 됩니다.
  그 누구의 삶에도 기막힌 사연들이 숨어 있습니다. 남모르는 아픔과 기쁨, 곡절의 역사, 내밀한 진실 같은 것이 직업마다, 처지마다 감추어져 있습니다. 사람들이 땀과 한숨과 눈물을 알고, 그 뒤의 비밀을 터득해 가는 것이 세상을 이해하는 과정이라고 저는 생각합니다. 그래서 저는 그 일이 좋습니다.

이렇게 말한 뒤, 이낙연은 서문 말미에 이런 말도 덧붙였다.

  저의 공부는 모자랍니다. 앞으로 어느 위치에서 무엇을 하건, 저의 그런 공부를 계속될 것입니다. 사람들은 만나 삶의 얘기를 듣는 저의 즐거움은 제가 살아 있는 한 달라지지 않을 것입니다.

2019년 10월 28일, 이날은 이낙연이 1987년 직선제 이후 최장수 재임 총리가 되는 날이었다. 그 이전의 기록은 이명박 정부 때 김황식 전 총리가 세웠다. 김 전 총리가 세운 기록은 880일. 이낙연은 881일 차 출근을 하면서 최장수 총리의 영예를 안게 되었다. 개인적으로나 역사적으로나 의미 있는 그날, 이낙연은 자신의 좌우명을 다시 또 강조했다.

"더 낮게, 더 가깝게 다가가야 합니다. 더 어려운 분들께 더 가까이 가야 하고, 거기에 더 세심하게 주의를 기울여 정책을 추진해야 하고, 동시에 놓쳐서는 안 되는 게 더 멀리 보고 준비를 해야 됩니다."

총리 이낙연은 기자들에게 '더 낮게, 더 가깝게, 더 멀리'라는 세 가지 목표를 삼아야 된다고 강조했다.

민족의 역사상 최고의 성군으로 꼽히는 세종대왕이 가장 중요하게 여겼던 가치 판단의 기준은 '백성은 나라의 근본'이었다. 한글을 창제하고, 수많은 과학 기기를 발명하고, 잘못된 법과 제도를 고친 것은 순전히 애민 사상에서 비롯됐다. 세종대왕은 '백성을 위한 정치'를 최우선으로 삼았다. 민생의 안정과 백성의 인권 신장을 끊임

없이 추구했다.

모든 관리들은 제각기 힘써 백성들에게 이롭고 병 되는 것을 거리낌 없이 직언(直言)하여, 짐이 하늘을 두려워하고 백성을 걱정하는 지극한 생각에 부응되게 하라.

『세종실록』의 기록이다. 백성을 나라의 뿌리로 생각한 세종대왕은 즉위 초기부터 귀를 크게 열고 신하와 백성의 소리에 귀를 기울였다. 그러면서 거리낌 없는 직언을 요청했다.

'경청(傾聽)'은 상대방의 말을 듣기만 하는 것이 아니다. 상대방이 전달하고자 하는 말의 내용은 물론, 그 내면에 깔린 동기나 정서에 귀를 기울여서, 듣고 이해된 바를 상대방에게 피드백해 주는 것이다. 세종대왕은 그런 경청의 대가였다.

'가까이 듣고, 멀리 보겠다'는 이낙연. 그의 좌우명은 '더 낮게, 더 가깝게, 더 멀리'로 진화하고 있다. 몸을 낮추고, 목소리를 낮추며 국민 속으로 더 가깝게 다가간다. 그러면서 산길 어딘가에 반드시 있는 길을 찾으며, 10년을 내다보는 씨앗을 심는다.

순창 고추장길

순창 고추장과
영광 굴비가 만나니
고추장굴비라

고추장은 쌀, 메줏가루, 고춧가루, 소금, 그리고 물로 만든다. 고추장용 메주는 된장의 메주와 다르다. 콩에다 쌀을 섞어 빚는다. 이 때문에 고추장은 쌀의 녹말가루가 분해되면서 생성한 단맛도 난다. 콩 단백질의 분해 과정에서 나온 구수한 맛도 난다. 매운맛과 짠맛은 고춧가루와 소금에서 우러난 맛이다.

예로부터 순창 고추장이 유명했던 이유는 여럿이다. 그 가운데 몇 가지만 추려 보자면, 깨끗하고 맛 좋은 물, 햇볕에 잘 말린 품질 좋은 고추, 발효에 적합한 기후, 질 좋은 소금, 사람의 손맛 등이다.

영광의 굴비처럼 순창의 고추장도 임금님의 수라상에 올랐다. 그 제조 과정에 두드러진 공통점도 있다. 일단은 바탕이 되는 원재료의 품질이 다른 지방에 비해 뛰어나다.

영광 굴비가 바람과 소금, 그리고 사람의 정성 덕분에 굴비의 제

왕이 된 데 반해 순창 고추장은 물, 기후, 사람의 손맛 덕분에 고추장의 제왕이 되었다. 순창은 연평균 안개 일수가 다른 지역보다 10~20% 많다. 77일이다. 그래서 습도가 높아 양질의 발효를 돕는단다.

한국인으로 태어나 죽기 전에 꼭 한 번은 가 봐야 될 국내 여행지로 손꼽히는 강천산. 순창군 팔덕면 청계리에 있다. 순창의 명산으로 호남의 소금강이라 불린다. 매년 가을이면 순창고추장만큼 붉은 아기단풍이 손을 내민다.

강천산의 물줄기는 섬진강과 영산강을 만드는 마중물이다. 강천산의 계곡물은 깨끗하기로 유명하다. 강천산과 섬진강을 낀 청정 환경에서 나오는 오염되지 않은 맑은 물이 순창 고추장을 세계적인 명품으로 만들었다.

순창군은 옥천골로 불린다. '옥천(玉川)'이란 '구슬과 같이 맑은 물이 흐른다'는 뜻이다. 순창의 옛 지명이 옥천인 것은 순전히 사시사철 수정같이 맑은 물이 흐르는 강천산과 섬진강 덕분이리라.

그 옛날 영광군은 '옥당(玉堂)골'로 불렸다. "아들을 낳아 원님을 보내려면 옥당골로 보내라"는 말이 있다. 여기서 말하는 옥당골은 영광군이란다. 벼슬길에 오른 아들을 옥당골로 보내려 했던 이유가 있다. 영광은 물산과 사람이 모여드는 살기 좋은 곳으로 소문이 나 있었기 때문이다.

참고로 '옥당(玉堂)'은 조선 시대에, 궁중의 경서, 문서 따위를 관리하고 임금의 자문에 응하는 일을 맡아보던 관아였던 홍문관이다. 벼슬길에 오른 아들의 첫 부임지를 영광으로 택하면 옥당, 즉 홍문관으로 영전하는 이가 많았다고 전해 온다.

영광굴비 중엔 고추장굴비라는 상품이 있다. 물 맑은 옥천골 순창의 고추장과 보장된 출세 가도인 옥당골 영광의 굴비가 만나면 그 맛이 어떨까.

색은 연홍빛이고, 맛은 달고 청렬(淸冽)한 순창 고추장과 만난 영광 굴비의 풍미를, 사람의 향기에 비유하자면 이럴거나. 겉은 시원하고 산뜻하며, 속은 맑고 투명하면서도 활화산 같은 열정과 꼿꼿한 기개를 품어, 백 리도 넘고 천 리도 넘고 만 리도 넘어 전해졌던 조선 선비의 인향(人香) 말이다.

이낙연의 길 …

외가는 고창! 처가는 순창!
이낙연의 DNA, 칠 할이 전북인가?

2017년 11월, 한국교총 창립 70주년 기념식에서 남긴 총리 이낙연의 어록이다.

서정주 시인은 〈자화상〉이라는 시에서 "스물세 해 동안 나를 키운 건 팔 할이 바람이다"하고 읊으셨습니다. 저는 남루한 저를 키운 건 팔 할이 선생님이라고 생각합니다.

이낙연은 선생님 복이 많았다. 학생 시절의 중요한 고비마다 선생님들의 큰 도움을 받았다. 선생님들은 그에게 바른길을 제시했고, 조금이라도 빗나가지 않게 배려했다.

이낙연의 인생 원점 법성면 용덕리 삼덕초. 각 학년에 한 반씩, 30~40명 정도가 공부했다. 그런 궁벽한 시골 학교에서 광주 같은

대도시 중학교로 진학한다는 건 누구도 상상할 수 없는 일이었다. 이낙연이 삼덕초에 다닐 당시 주변에 그런 전례는 별로 없었다.

이낙연이 6학년 때, 박태중 선생이 부임해 담임을 맡으면서 이낙연을 지목해 광주서중 진학이라는 목표를 정해 주고 엄하게 독려했다. 박 선생은 며칠에 한 번꼴로 이낙연의 집을 방문했다. 참고서와 과자도 사다 주며 학습 지도를 했다. 박 선생은 이낙연이 광주에서 중학교 시험을 보는 기간, 자신의 집에서 먹이고 재우기도 했다.

광주북중 1학년 때 담임인 정종선 선생은 이낙연을 수시로 자택으로 불러 밥을 먹이고 인생에 보탬이 될 만한 얘기를 해 주었다. 이낙연이 법성면 고향집에 갈 때마다 "아버님께 갖다 드리라"며 쇠고기를 싸 주기도 하였다.

정종선 선생과 3학년 때 담임 위후랑 선생 등은 광주일고로 갈까, 광주고로 갈까, 학비 때문에 고민에 빠진 이낙연의 진로를 광주일고로 잡아 주었다. 위후랑 선생은 "선생님들이 모아서 학비를 댈 테니 광주일고로 진학시키자"고 이낙연의 아버지를 설득했다.

광주일고 3학년 담임인 김정수 선생의 공덕도 매우 컸다. 가난 속에서도 이낙연이 대학 입시에 몰두할 수 있도록 후원하고 응원했다.

선생님들의 은덕으로 서울대 법대를 졸업한 이낙연은 1979년 동아일보에 입사했다. 잘나가는 신문사 기자인데다 키도 헌칠하니

중매가 많이 들어왔다. 소개를 받은 아가씨 앞에 앉으면, 은근슬쩍 묻는 질문이 있었다.

"죄송하지만 한 가지 여쭤볼 게 있습니다. 저기… 말입니다. 학교를 제대로 다니지 않은 사람을 보면 어떤 느낌이 드십니까?"

"그걸 왜 물으시는 거죠?"

"헤헤 네, 사실은 말입니다. 저희 가족이 그렇거든요."

이낙연은 잘사는 집 아가씨에게도, 잘나가는 아가씨에게도, 배우자를 고를 땐 꼭 이런 질문을 던졌다.

이낙연이 배필을 찾기 위해 만난 아가씨 대부분은 학교를 다니지 않은 사람에 대한 편견이 있었다. 그러던 어느 날, "저는 편견이 없는데요"라고 대답하는 아가씨를 만났다. 그 아가씨가 바로 현재의 부인 김숙희다.

김숙희는 전북이 고향이다. 정확하게 말하자면, 아버지의 고향이 순창이다. 기자 이낙연이 이화여대 미대를 졸업한 뒤 미술교사를 하고 있던 김숙희를 만난 때는 1980년 4월이다. 이낙연의 나이 스물아홉, 김숙희의 나이 스물여섯이었다.

친정어머니의 성화에 못 이겨 맞선을 보러 나간 김숙희. 난생 처음 만난 이낙연의 인상을 이렇게 기억한다. 그날 봄비가 내렸단다. 이제이 작가의 『어록으로 본 이낙연』에서 발췌했다.

만나기로 한 한국일보 13층에 가니 선보는 사람들로 가득했어요. 우산이 없어서 비를 맞으며 도착했는데, 소개해 주는 두 분과 한 남자가 앉아 있어요. 뼈쩍 마른 샌님 같은 인상이었어요. 그날은 저도 급작스럽게 나오게 돼서, 별 말도 않고 시큰둥한 태도로 있다가 먼저 일어서겠다고 했지요. 며칠 뒤 미안한 마음이 들더라고요. 명함 받아 둔 게 기억나서 신문사에 전화를 걸었죠. 차라도 대접하겠다고 하려고요. 그런데 "여보세요"라며 전화를 받는데, 목소리가 참 좋은 거예요.

이낙연과 김숙희의 두 번째 만남은 동아일보 근처의 다방에서다. 우연히 동석한 이낙연의 친구까지 셋이서 밥을 먹었다. 그 친구와 이낙연이 나누는 대화를 들으며, 김숙희는 이낙연의 괜찮은 구석들을 보게 됐다. 덜렁대고 실수 투성이였던 김숙희는 꼼꼼하고 논리적인 이낙연이 마음에 들었던 것이다.

다음 달, 광주에서는 5·18 광주민주화운동이 발발했다. 도저히 믿을 수 없는 비보에 이낙연은 방황했다. 동아일보 수습기자였던 이낙연은 밤마다 친구들과 술을 마시며 시국에 대한 울분을 삭였다.

이낙연은 군부가 군홧발로 짓밟는 광주를 보았다. 몽둥이로 때리고 칼로 찌르는 오월의 그날을 보았다. 헬리콥터에서 사격을 한다는 소식도 들었다. 그래도 광주는 물러서지 않았다. 유혈의 현장에서도 질서를 유지하는 광주 시민들을 보았다. 배고픈 시위자에게 주먹밥을 나누고, 피 흘린 시위자를 위해 헌혈하는 광주의 지인들을 보았다.

당시의 피울음 섞인 아픔의 기억을, 이낙연은 2013년 4월 4일 자 〈시민의 소리〉에 남겼다.

그 무렵, 저는 동아일보 국제부에서 햇병아리 기자로 일했습니다. 그때는 비상계엄이 내려져 모든 보도는 사전 검열을 받았습니다. 광주민주화운동의 보도는 국제부 소관은 아니었습니다. 그렇다 하더라도 기자라는 직업을 가진 사람으로서 광주가 유린되는 것을 보도하지 못하는 심정은 거의 죽고 싶을 정도였습니다.

그때 서울에 사는 광주 전남 출신의 제 친구들은 날마다 저에게 전화를 걸어 "그것도 보도하지 못하는 게 기자냐?" 하며 마구 퍼부어댔습니다. 한참을 퍼붓다가 밤이 되면 선술집에서 만나 소주를 마셔대며 울분을 삭이기 일쑤였습니다.

이낙연이 그렇게 울분을 삭일 때, 김숙희는 옆에서 함께했다. 20대 중후반의 청춘 남녀는 계절의 여왕 오월을 서럽게 보냈다. 그런 시련을 함께 겪으며 두 사람은 결혼을 약속했다. 만난 지 넉 달 만인 1980년 8월 결혼식을 올렸다.

신혼방은 관악구 봉천동 산꼭대기에 꾸몄다. 친구에게 돈을 빌려 300만 원짜리 전셋집을 구해 들어갔다. 결혼 2년 만에 아이가 태어났다. 아들이었다. 아들 이동한은 벌써 커서 결혼도 했다. 2013년 11월, 초등학교 동기와 만난 지 24년 만에 식을 올렸다.

굴비의 고장 옥당골 영광의 이낙연과 고추장의 고장 옥천골 순창의 김숙희가 만나니 고추장굴비라. 이낙연은 펜을 들고, 김숙희는 붓을 들고 40여 년의 세월을 한 지붕 아래서 살았다.

이낙연은 고창 공음면에 외가를 두었다. 어머니는 10리 황톳길을 걸어 전남의 시댁과 전북의 친정을 다녔다. 전남의 아버지와 전북의 어머니 사이에 태어난 이낙연의 DNA. '신체 DNA'의 오 할은 전북이리라.

이낙연은 심지(心志), 즉 '마음에 품은 의지'를 중하게 여긴다. 그렇다면 이낙연의 '심지 DNA'는 어떻게 구성돼 있을까. 아버지와 어머니, 그리고 부인의 심지로 구성돼 있다고 가정한다면, '심지 DNA'의 칠 할은 전북이다.

인생의 원점은 법성면 용덕리 삼덕초교에, 영혼의 원점은 광주일고 광주학생운동기념탑에 둔 이낙연. 그의 '심지 DNA'를 재미 삼아 추정해 보는 것은 나름 이유가 있다.

이낙연의 정신은 분명 강인하다. 그런데 이낙연의 심성은 정말 부드럽다. 혹자는 이렇게 말한다.

"이낙연은 전남의 기질을 닮아 무쇠처럼 강하고, 전북의 기질을 닮아 솜털처럼 부드럽다"라고.

전주비빔밥의 가르침,
"탕탕평평 평평탕탕하라!"

조선시대 전라도와 제주도를 다스린 전라감영은 온고을 전주에 있었다. 그런 연유로 오늘날 전주의 들목엔 '호남제일문(湖南第一門)'이 있다. 전주의 대표 음식은 비빔밥이다. 전주비빔밥은 세계적인 음식이다. 마이클 잭슨도 사랑했고, 우주인도 즐겨 먹는다.

전주비빔밥엔 오만가지 식재료가 들어간다. 주재료는 콩나물, 황포묵, 쇠고기, 육회 등이다. 이 외에도 무생채, 애호박 볶음, 당근채, 쑥갓, 호도, 은행 등 여러 부재료가 들어간다. 김제 지평선 등 기름진 호남평야의 쌀밥에다 30여 가지 식재료를 넣고 쓱쓱 비벼 먹는 전주비빔밥. 달짝지근하고, 구수하다. 밥알이 달라붙지 않고, 식재료가 원래 가진 색과 맛을 그대로 유지한다.

그리고 무엇보다 빼놓을 수 없는 재료인 순창 고추장. 전주비빔밥의 제맛은 3년 묵은 순창의 찹쌀고추장을 썼을 때 나온단다.

1800년대의 문헌은 비빔밥을 '골동반(骨董飯)'이라고 기록해 두었다. 밥에 여러 가지 찬을 한데 섞어 비비는 음식이 골동반이다.

전주비빔밥의 유래는 몇 가지 설이 있다. 궁중에서 나왔다는 설도 있다. 농사철, 논두렁 밭두렁에서 먹던 새참에서 유래했다는 설도 있다. 동학농민혁명 때 유행하기 시작했다는 설도 있다. 그 유래가 어떻든 간에 밥에다 여러 가지 식재료를 비벼서 먹는 것이 비빔밥이다.

조선 왕조 21대 임금인 영조는 탕평채를 즐겼다. 녹두묵에 고기볶음과 데친 미나리, 그리고 구운 김 등을 섞어 만든 묵무침이다. 청포묵무침이라고도 불린다. 탕평채라는 이름은 '탕탕평평(蕩蕩平平)'이라는 말에서 유래했다.

'탕평(蕩平)'은 유교 경전인 『서경(書經)』에 나오는 '왕도탕탕 왕도평평(王道蕩蕩 王道平平)'에서 따온 구절이다. 영조는 당파에 휘둘리지 않는 국정을 운영하고 싶었다. 그래서 탕평채라는 음식을 만들어 신하들에게 하사했다. 당파 간에 싸우지 말고 협치를 하라는 메시지를 담았다. 당을 초월해 골고루 인재도 등용했다.

탕평채의 여러 가지 색은 당시의 권력을 상징한다. 녹두묵은 푸르스름한 흰색이다. 볶은 고기는 붉은색이고 미나리는 푸른색이다. 김은 검은색이다. 이 네 가지 색은 당시 실세 파벌인 서인, 남인, 동인, 북인을 각각 상징한다.

조선 왕조 22대 왕인 정조는 순창 고추장 애호가였다. 입맛이 없을 때 순창 고추장을 즐겨 먹었다고 전한다.

정조는 할아버지 영조의 뜻을 이어 탕평책을 강도 높게 실천했다. 아버지 사도세자는 붕당 정치의 희생양이다. 따라서 탕평책에 대한 실천 의지는 정조가 할아버지 영조보다 강했다. 정조는 탕평책을 추진하면서 반대파 중심인물도 끌어안았다.

모두가 하나로 어우러지는 대동(大同)의 음식인 전주비빔밥은 오방색이 짙다. 탕평채도 오방색을 구현하려는 음식이다.

전주비빔밥을 통해 조선시대 탕평책을 돌아본다. 당파를 초월하는 '탕탕평평 평평탕탕(蕩蕩平平 平平蕩蕩)'의 정치 철학을 오늘에 되짚어 보는 나름의 이유가 있다. '어느 한쪽에 치우치지 않는 국가의 지도자'를 죽기 전엔 꼭 한 번 보고 싶은 마음 간절한 탓이다.

이낙연의 길…

전주여고 미술반 김숙희,
박남재 화백 없었다면 이화여대 미대 갔을까?

역사와 전통으로 볼 때, 전라북도 최고의 여자 고등학교인 전주여고. 올해 개교 94주년을 맞았다. 문재인 정부의 몇몇 장관이 전주여고 출신이다. 김현미 국토교통부 장관과 이정옥 여성가족부 장관이 그렇다.

이낙연의 부인 김숙희는 전북의 명문 전주여고 2학년 때, 미술반에 들어갔다. 미술반 선생님은 박남재 화백이다. 박 화백은 '한국의 세잔느'로 불리는 원로 미술인이다. '대한민국 예술원상'을 2013년 수상했다.

프랑스 출신 세잔느는 근대 회화의 아버지로 불린다. 고흐, 고갱과 더불어 후기 인상주의를 대표하는 화가다. "자연은 표면보다 내부의 깊이에 있다"라고 말했다. 정확한 묘사를 위해 사과를 썩을 때까지 그렸다는 일화도 있다.

박 화백은 1929년 순창읍에서 태어나 서울대 미대에 입학했다. 그런데 입학한 지 몇 달이 지나지 않아 6·25 한국전쟁이 발발했다. 중도에 학업을 포기할 수밖에 없었다. 서울에서 출발해 보름 동안 걸어서 고향 순창에 도착했다. 이후, 조선대 미대에 입학해 졸업한 뒤 중고등학교 교사를 거쳐 원광대학교 미대 학장을 지냈다.

박 화백은 전북 구상화의 거목이다. 대담한 원색의 붓질로 자연의 강렬한 리얼리티를 포착해 독창적인 색감과 표현력으로 구상화의 새 길을 개척했다. 국내 서양화단의 원로인 박 화백은 순창군 적성면 구암마을에 황혼의 둥지를 틀었다. '섬진강미술관'이다. 2016년 12월, 이 미술관의 명예 관장에 위촉됐다.

한국 미술계의 거장인 박 화백은 제자 김숙희의 아버지를 이렇게 소개한다.

숙희 아버지는 순창읍 옥천동에서 태어났습니다. 옥천동에 집이 있었고 거기서 살았습니다.

숙희 아버지는 순창농림고등학교 1회입니다. 저는 3회입니다. 순창농림고등학교의 현재 학교 이름은 순창제일고입니다. 숙희 아버지는 순창농림고등학교 졸업 뒤, 서울대에 진학했습니다. 전공은 물리학이었다고 기억합니다.

서울대 졸업 후, 전주교대에 재직했습니다. 교수로 장기간 근무했습

니다. 그러다 어떤 동기가 있었는지 충청도로 옮겼습니다. 충청도에 있는 대학에 있다가 퇴직한 뒤, 다시 전주에 와서 살았습니다.

박 화백은 서울대 미대 중퇴 뒤, 오지호 화백과 운명적으로 만난다. 한국 현대미술의 거목인 오지호 화백은 전남 화순 출신이다. 1930년대 중반 서구의 인상주의를 수용, 인상주의 화법으로 한국의 자연미를 표현하는 데 주력했다. 8·15 광복 후 조선대학교 미대 교수를 맡아 후학 양성에 힘을 쏟았다. 1982년에 작고했다.

오지호 화백과의 인연으로 서울대 미대 중퇴생인 박 화백은 조선대 미대에 입학했다. 오지호 화백은 제자인 박 화백에게 이런 말을 남겼다.

자네는 첫째가 인간이 되먹었고, 둘째로는 색에 대한 감각이 좋고, 셋째로는 생각하면서 그림을 그리는 태도가 좋네. 그러니 꼭 그림을 그려야 하네. 조선대 미대를 졸업하면 나와 같이 있세!

그런데 오지호 화백은 조선대에서 쫓겨났다. 조선대 총장 배척 운동을 하다가 그렇게 된 것이다. 조선대 미대 졸업 뒤, 박 화백은 전북의 여러 중고등학교에서 교편을 잡았다. 박 화백은 당시 상황을 이렇게 기억한다.

조선대에서 오지호 화백이 쫓겨난 뒤, 전북으로 왔습니다. 인연이 있던 장학관의 도움으로 부안중학교 미술교사로 발령 받았습니다. 부안중학교에서 6개월 근무했습니다. 그 뒤 전주농고로 발령이 나서 6년간 근무했습니다. 전주농고를 그만둔 뒤, 순창으로 귀향했습니다. 어머니가 순창에 혼자 계셨습니다. 그런데 전주농고 교장 선생님이 자꾸 데려가려 했습니다. 다시 전주로 간다면 전주고나 전주여고를 가고 싶었습니다. 전주농고는 근무한 적이 있어 가고 싶지 않았습니다.

전주고 교장 선생님을 만나 전근을 부탁했습니다. 그런데 다음날 전주고에 화재가 발생했습니다. 교장 선생님이 전주고를 떠났습니다. 그 바람에 전주여고에 가게 됐습니다. 전주여고엔 미술선생이 없었습니다. 당시 중고등학교 교사 자격증을 갖고 있는 미술교사가 얼마 안 돼 미술선생이 없는 전주여고로 발령을 받았던 것 같습니다.

전주여고에서 미술교사로 1년 6개월간 근무했습니다. 스스로 학교를 그만뒀습니다. 중고등학교 교사를 하다가는 도저히 제 작업을 할 수 없을 것 같았습니다. 여름방학 직후인 9월 1일에 사표를 냈습니다. 그 뒤 작업만 했습니다. 그러던 중인데 원광대학교 미대에서 오라고 연락이 왔습니다. 그래서 원광대학교로 갔습니다. 퇴임할 때까지 원광대 미대에서 교수로 있었습니다.

박 화백은 전주농고 재직 시, 미술반을 신설해 많은 제자들을 가르쳤다. 제자들이 여러 대학의 미대에 진학했다. 1년 6개월 근무한 전주여고에서도 마찬가지다. 박 화백은 전주여고 미술반을 개설했다. 여고생 김숙희의 2학년 때 일이다. 미술반 학생들의 미대 입시를 돕던 박 화백은 금세 전주여고를 떠났다. 김숙희의 3학년 2학기가 시작될 때다. 박 화백은 김숙희의 전주여고 시절을 이렇게 기억한다.

"단발머리의 숙희는 얌전했습니다. 참 성실한 학생이었습니다."

그해 대학 입학원서를 낼 때쯤, 김숙희의 부모님이 전주여고를 그만둔 박 화백을 찾아왔다. 김숙희가 이화여대 미대를 지원하려고 하는데, 담임선생이 원서를 써 주지 않는다는 얘기를 전했다. 담임선생이 "이대 미대는 합격이 어려울 수 있으니 한 단계 낮춰서 지원하면 좋겠다"라고 말했다는 것이다.

박 화백은 고민했다. 아마도 김숙희의 담임선생이 미대 입시의 실상을 잘 몰라서 그랬을 것이라고 생각했다. 박 화백은 당시의 일을 이렇게 회고한다.

그 당시 어떤 대학의 미대 교수가 미대 지망생들을 개인 교습하면서 돈을 많이 내는 학생에게 특별히 신경을 썼을지는 모를 일입니다. 아마 담임선생은 시류가 그렇다고 여겨 서울에 올라가서 유명 교수의 개인 교습도 받아 본 적이 없는 숙희가 이대 미대에 합격하기란 난망한 일이라 판단했을 수도 있습니다.

여하간에 제 생각엔 숙희 담임선생의 판단이 옳지 않았습니다. 저는 전주여고 제자들을 참 열심히 가르쳤습니다. 당시 미대 입시의 가장 중요한 항목은 데생이었습니다. 저는 전주여고 제자들에게 데생을 잘할 수 있도록 공을 들였습니다.

다른 제자들도 마찬가지였지만 숙희도 데생 실력이 좋았습니다. 제가 보기엔 숙희가 이대 미대에 합격할 만한 실력을 충분이 갖췄습니다.

그렇지만 참 난감한 일이었습니다. 같은 학교에서 근무한 터라 저도 숙희 담임선생을 잘 알고 있었습니다. 그런 상황에서 담임선생의 의견을 무시해 버리라고 말하기란 참 딱한 노릇이었습니다. 그런데다 만약에 숙희가 제 말을 듣고 이대 미대에 지원했다가 떨어지기라도 한다면 그 또한 난처한 일이라는 생각이 들었습니다. 고민 끝에 숙희 아버지와 어머니에게 이렇게 말했습니다.

"숙희가 제 딸이라면 말입니다. 저는 이대 미대에 원서를 내라고 하겠습니다."

숙희 아버지와 어머니는 제 말에 힘을 얻었던가 봅니다. 전주여고 담임선생을 찾아가서 기어코 이대 미대 원서를 썼습니다. 나중에 들은 얘기입니다. 숙희 어머니가 전주 지인들에게 이렇게 말을 했다고 합니다.

"우리 숙희가 이대 미대에 진학한 것은 박남재 선생 덕분이다. 만약 숙희가 이대 미대를 나오지 않았다면 이낙연 기자를 만나 결혼했겠나?

난 가능한 일이 아니라고 생각한다."

좌우지간에 숙희는 이낙연을 남편으로 맞았습니다. 지금까지 잘 살고 있어 보기 좋습니다.

전주여고 졸업 이후, 김숙희는 스승인 박 화백과 각별한 사제지간의 정을 이어 왔다. 김숙희는 친구들과 함께 박 화백이 망백(望百)의 붓질을 계속하고 있는 순창에 가끔 들른다. 김숙희는 주변 사람들에 이런 말을 털어놓은 바 있다.

"예술가는 돈에 한눈을 팔아서는 안 된다는 선생님의 말씀을 늘 가슴에 새긴다."

구순을 넘긴 나이에도 여전히 붓을 놓지 않고 치열한 예술혼을 불태우는 박남재 화백. 박 화백이 제자 김숙희에게 이런 바람을 전한다.

숙희랑 그 친구들이 종종 찾아옵니다. 그런 때 이런 말을 한 적도 있습니다.

"재능과 기교에 의존한 그림은 예쁘게 보일지 모르지만 오래가지 못한다. 오히려 우직하고 진실하게 혼을 쏟아부을 때 생명력 있는 작품이 나온다."

숙희 남편이 대선의 길로 나섰습니다. 앞으로 숙희의 역할은 더욱 중요해질 것입니다. 그간 숙희는 남편 내조도 잘했습니다. 아이도 낳아 잘 길렀습니다. 천성이 곱고 성실하니, 지금까지 쭉 해왔던 것처럼 앞으로도 자기 본분을 잊지 않고 성실하게 가정 살림을 꾸려 갈 것입니다.

저는 전주여고 제자들에게 "예술가는 돈에 한눈을 팔아서는 안 된다"고 가르쳤습니다. "생명력이 있는 작품을 남기려면 우직하고 진실하게 혼을 쏟아 부으라"고 조언했습니다.

저의 이런 가르침과 조언을 숙희는 잘 알고 있을 것입니다. 앞으로 남편을 따라 어떤 길을 걷더라도, 우직하고 진실된 아내의 자리와 어머니의 자리를 흠 없이, 탈 없이 지켜 주길 바랍니다.

박남재 화백은 오늘도 섬진강미술관 캔버스 앞에서 붓질을 멈추지 않는다. 구순의 노 화백은 붓과 씨름하며 이렇게 되된다.

"내 인생의 마지막 불꽃을 태워 세상 사람들의 심장을 쿵하게 울리는 걸작을 남기겠다."

구순의 박 화백이 제자 김숙희의 남편인 이낙연에게 전하고 싶은 바람도 있지 않을거나. 혹시 이런 말도 박 화백의 입안에서 맴돌지 않을는지.

"내 젊은 날, 스승 오지호 화백이 내게 했던 말을 빗대 몇 마디 해 보겠네. 내가 보이기에 자네는 첫째가 인간이 되먹었고, 둘째로는 정치에 대한 감각이 좋고, 셋째로는 생각하면서 정치를 하는 태도가 좋네. 그러니 꼭 대망을 이루시게나. 그 큰 꿈을 이루거든, 자네 인생의 마지막 불꽃을 태워 지구촌 사람들의 심장을 쿵하게 울리는 일류 국가를 만들어 보시게나!"

참고 문헌

'이낙연의 길'에서 내용을 일부 참고하거나 인용한 문헌의 목록은 다음과 같습니다.

이낙연 외 저, 2014, 『어머니의 추억』, 아린미디어.
이낙연 저, 2014, 『전남, 땀으로 적시다』, 한올출판사.
이낙연 저, 2009, 『食전쟁』, 아린미디어.
이제이 저, 2020, 『어록으로 본 이낙연』, 삼인.
양재원 저, 2020, 『이낙연은 넥타이를 전날 밤에 고른다』, 북콤마.